I0436749

IL SORPRENDENTE MONDO DELLO ZERO

Emancipazione del Primo Cardinale

CAROLINA PARIS

Editing Alessandra Restelli

ISBN-13: 978-1533548771
ISBN-10: 1533548773

A GIACOMO LEOPARDI

Il tempo ha senso? C'è il prima e c'è il dopo, c'è l'esserci e il non esserci, ma quanto tempo serve per capire un istante? La concentrazione viene meno, come gli attimi che non comprendo. Cerco la via, guardo spazio e tempo fondersi, perdersi senza soluzione, senza un concetto che possa esprimerli. Aiuto, mi viene da implorare. Aiuto! Per tornare. Cerco un tender che attraversi leggero e sicuro i flutti, che guidi questa malandata imbarcazione verso un approdo.

È ora di quiete e di serenità. È tempo. Questo è il tempo, con tutto il senso che possa avere.

Ma se così non fosse? Se non esistesse un prima e un dopo? Se l'esistenza non fosse una retta, ma un circolo? Quello che è dopo, può essere per un altro un prima.

Se ti trovi in un sistema-esistenza circolare, l'unico rapporto, confronto, che puoi avere è con il centro, che non sta né sopra né sotto, ma nello stesso piano.

E se il cerchio fosse parte di una sfera? Ancora una volta è col centro che puoi, se vuoi, raffrontarti. Per una sfera, mille, infiniti, cerchi. Al di fuori di ogni cerchio, ma dentro la sfera, dunque anche dentro ogni possibile cerchio, è il centro. Trascendente e immanente. Un unico centro per infiniti sistemi-esistenze diversi.

Sei un puntino che percorre parte di un cerchio. Non così importante come puoi pensare, ma indispensabile comunque perché il cerchio sussista e con esso la sfera. Il tutto a dar senso al centro. A meno che tu non sia il centro, accontentati del piccolo tratto di cerchio che ti è concesso di percorrere e godi dell'importanza che quel tratto ha per la sfera e per il centro.

Sommario

1 COMINCIA IL VIAGGIO

Uno, due, tre…. Contare è l'essenza della vita. Per molti. Per fortuna non per tutti.

Occorre essere Uno. Naturalmente uno che conta. Ti insegnano ad ambire a questo status fin da piccolo. E allora conti: uno, due, tre…. Conti più che puoi, per essere sempre… uno che conta.

Va da sé, che più puoi contare (i soldi, le case, le persone che conosci e che 'contano' a loro volta) e più sei un 1, e più zeri saranno disposti ad affiancarti. Ecco un 1 che si sente il Tutto. Un Tutto intorno al quale far ruotare il mondo, o almeno una parte, la più parte di esso. Quella che pone quell'1 al centro.

E va da sé anche che, in questa logica, chi può contare fino a mille 'vale' più di chi arriva a stento a cento. Che dire poi di chi arriva al milione o al miliardo e più?

Si conta e si definisce la persona più ricca del mondo. Si conta per decretare quella più potente, si contano tutti quelli che contano...

Si conta secondo una cardinalità.

Nella teoria degli insiemi per cardinalità (o numerosità, o potenza) di un insieme finito si intende nient'altro che il numero dei suoi elementi.

Georg Ferdinand Ludwig Philipp Cantor, che noi ricordiamo semplicemente come Cantor, nasce a San Pietroburgo nel 1845, ma poi vive in Germania, e lì muore nel 1918.

È un grande matematico, considerato padre della moderna teoria degli insiemi. Cantor amplia la teoria assiomatica degli insiemi che si delinea in quel tempo, fino a comprendere al suo interno i concetti di numeri transfiniti, numeri cardinali e numeri ordinali. Fondamentale per noi, in questo contesto. Ci insegna la cardinalità dei numeri e, in buona sostanza, ci evidenzia che due è 'meglio' (vale di più) di uno (1) e che cento, mille, un milione, sono sicuramente 'meglio' di uno (1).

Ma in questo mondo che sembra fatto di cardinali (1, 2, 3…) dove mettiamo lo Zero?

Lo Zero sembra proprio essere ignorato o, peggio, denigrato. Ma questo è solo un'enorme ingiustizia che parte dall'ignoranza.

Trilussa, al secolo Carlo Alberto Camillo Mariano Salustri, nasce a Roma nel 1871 ed è poeta, scrittore e giornalista. Lo ricordiamo tutti per le sue composizioni in dialetto romanesco.

Ecco come esprime la sua percezione dello Zero
nella poesia *Nummeri*:

Conterò poco, è vero:
-diceva l'Uno ar Zero-.
ma tu che vali? Gnente: propio gnente.
Sia ne l'azzione come ner pensiero
rimani un coso voto e inconcrudente.
Io, invece, se me metto a capofila
de cinque zeri tale e quale a te,
lo sai quanto divento? Centomila.
È questione de nummeri. A un dipresso
è quello che succede ar dittatore
che cresce de potenza e de valore
più so' li zeri che je vanno appresso.

Traduzione in italiano

NUMERI
Conterò poco, è vero:
-diceva l'Uno allo Zero-.
Ma tu che vali? Niente: proprio niente.
Sia nell'azione come nel pensiero
rimani un coso vuoto e inconcludente.
Io, invece, se mi metto a capofila
di cinque zeri tali e quali a te,
lo sai quanto divento? Centomila.
È questione di numeri. A un dipresso
è quello che succede al dittatore
che cresce di potenza e di valore
più sono gli zeri che gli vanno appresso.

In questi versi, scritti nel 1944, il poeta considera lo Zero un'entità senza valore, se non posta al fianco di qualcos'altro. In questo caso, parlando di numeri, lo Zero pur non avendo valore di per sé, ne fa acquistare al numero capofila.

Ricordiamo che siamo durante la seconda guerra mondiale e Trilussa, che è penna pungente, allude, con questa metafora, al regime fascista. Il poeta, più che anti-fascista preferisce definirsi non-fascista e pur mantenendo rapporti distesi con il regime, si sente libero di esprimersi attraverso questa satira acuta ed esplicativa. Ardimentoso? Incurante delle possibili conseguenze? Impavido di fronte alla possibilità di finire al confino? No, semplicemente vi è una sorta di 'patto di non belligeranza', di reciproca tolleranza fra Trilussa e il partito, tanto da fare osare quest'ultimo senza in realtà correre grandi rischi.

Più che la chiave politica a noi interessa, qui, notare come il testo sia anche un esempio lampante della propensione (non certo solo di Trilussa) a considerare il numero Zero come equivalente a niente.

Sullo Zero, sulla sua interpretazione come Nulla e sui voli pindarici che dallo Zero portano, o meglio porterebbero, a equazioni filosofiche o religiose, si sono prodotti migliaia di testi, in tutti i tempi, in tutte le lingue.

Questo scritto non ha grandi pretese, se non quella di sfatare, sgretolare, distruggere in maniera definitiva il concetto di Zero come Nulla e anche il concetto di Zero come numero strumentale, ovvero che serve a qualcos'altro e che non ha valore di per sé. Certo lo Zero, nella sua accezione numerica, strumentale lo è, indubbiamente, ma questa funzione non è esaustiva della sua essenza e del suo valore concettuale.

Qui vogliamo, una volta per tutte, ridare giustizia, onore e, non ultimo, maestà allo Zero.

Proponiamo un punto di vista, un semplice punto di vista. Non vogliamo certo uguagliare in valore la rivoluzione copernicana, né avvicinarci per creatività alla mente visionaria di Galileo.

A dire il vero, e questa volta non con una facile ironia, quest'ultimo, Galileo, non lo prenderemmo come esempio neppure se pensassimo di produrre uno scritto veramente serio.

Galileo Galilei, considerato padre della scienza moderna, nasce a Pisa nel 1564. Si occupa di fisica, filosofia, matematica e astronomia.

Sicuramente lo scienziato pisano è fondamentale nella rivoluzione astronomica. Infatti è sostenitore della teoria copernicana eliocentrica sul moto dei corpi celesti in opposizione alla teoria geocentrica, sostenuta dalla Chiesa Cattolica. Ma, ammettiamolo, è anche un po' codardo. Infatti viene processato per eresia nel 1633. Condannato dal S. Uffizio al carcere a vita, per evitare la pena, fa atto di abiura, ritrattando quanto i suoi libri andavano affermando e facendo atto di completa adesione alla Chiesa Cattolica e alla sua concezione "scientifica" del mondo e delle leggi dell'universo.

Qui non c'è codardia. Qui si vuole esprimere un semplice punto di vista. Tutto qui. Un punto di vista, forse opinabile, ma che se viene abbracciato, sicuramente aiuta a percepire il mondo con un po' di felicità in più. Senza retorica e senza presunzione. Perché non provare?

2 LO ZERO A NUDO

Eccoci dunque al nostro Zero, che vogliamo spogliare fino all'essenza, per poi rivestirlo di abiti nobili e preziosi.

Facile, per le nostre menti di adulti, pensare all'infinito (non in senso metafisico), come a qualcosa di grandissimo, immenso, e altrettanto facile pensare allo Zero come a qualcosa di infinitamente piccolo, tanto da essere assimilato al niente.

Ma questa storia dello Zero va riscritta e qui si vuole esprimere, alla luce del sole, senza freni e senza codardia, una irrefrenabile, sicuramente dichiarata e difesa, apologia dello Zero.

Definiamo allora pietre miliari in un percorso consigliato, per arrivare finalmente, e meritatamente, all'emancipazione dello Zero!

In questa analisi partiamo dal fatto che attorno allo Zero nel corso dei secoli e dei millenni si sono espresse più scuole di pensiero. Si potrebbe allora dire che si sono avute, e che si hanno tuttora, diverse attitudini nei confronti dello Zero.

Una di queste, più che altro filosofica, considera lo Zero come concetto astratto, e lo equipara al Nulla.

A sua volta questo concetto di Nulla viene poi interpretato da alcuni come vuoto assoluto e da altri come "mancanza di qualcosa".

I matematici, peraltro dopo un lungo e tortuoso percorso, nel tempo considerano lo Zero un numero a tutti gli effetti, ma per lo più come lo interpreta il poeta Trilussa, ovvero qualcosa che da solo non vale niente, mentre se affiancato ad altri numeri ne cambia decisamente il peso.

Dunque, una tendenza astratta considera lo Zero un concetto, un pensiero. Un'altra ne esprime una connotazione che si avvicina a una forma di concretezza, pur imputando allo Zero il valore di "niente".

Ora nessuna di queste posizioni riesce ad appagare la voglia di definire la meraviglia che lo Zero è in grado di esprimere e quindi vogliamo introdurre un terzo, nuovo (lo speriamo) modo di concepire questo concetto affascinante, complesso, misterioso ma imprescindibile: lo Zero come universo.

Un universo pieno, strabiliante, immenso, a volte anche inarrivabile per le nostre piccole menti.

Andiamo per ordine e cominciamo a considerare, ma solo per liquidare velocemente questo concetto, lo Zero come Nulla.

3 ZERO COME NULLA, NULLA COME VUOTO

Per ora non consideriamolo un numero, ma un concetto. Senza credere però che la sua percezione come concetto nasca solo dopo la sua definizione di numero.

Una scuola di pensiero da sempre assimila lo Zero all'idea di Nulla, con un concetto di Nulla che si articola poi in varie espressioni.

In matematica, per esempio, si utilizza il termine Nulla per indicare un insieme vuoto.
Infatti, scientificamente parlando, è detto che un insieme contiene Nulla se e solo se esso è un insieme vuoto.

In questo, la cardinalità dell'insieme vuoto, cioè la sua dimensione, è Zero.

La prima vera nozione di teoria degli insiemi, quella sviluppata da Cantor nella seconda metà del XIX secolo, è al centro di accesi dibattiti dal 1890 al 1930 e riceve diversi "riaggiustamenti".

In questo periodo sono accettati due sistemi di assiomi. Il primo è chiamato Sistema assiomatico di Zermelo-Fraenkel e l'altro Sistema assiomatico di Von Neumann-Bernays-Gödel. Per ciascun sistema si definiscono assiomi ben precisi.

Ad ogni modo, come abbiamo detto, nella teoria degli insiemi, l'insieme vuoto è quello che non contiene nessun elemento.

Per questo insieme viene anche definito un assioma specifico (l'Assioma dell'insieme vuoto) che afferma:

esiste un insieme X tale per cui nessun insieme Y è un suo elemento.

Notiamo poi che con un altro assioma, quello chiamato dell'estensionalità, è possibile dimostrare che tale insieme è unico.

L'assioma di estensionalità è sicuramente tra quelli più interessanti formulati nel XIX secolo da due noti matematici tedeschi.

Stiamo parlando di Ernst Friedrich Ferdinand Zermelo e di Adolf Abraham Halevi Fraenkel.

In particolare quest'ultimo, regala ampi contributi alla logica. Sviluppa due tentativi di fondare la teoria degli insiemi su basi assiomatiche in grado di evitare ogni paradosso, migliorando così il sistema di assiomi di Zermelo.

L'assioma di estensionalità (o dell'estensione), oggi detto di Zermelo-Fraenkel, afferma che:

dato un generico insieme A e dato un generico insieme B, A è uguale a B se e solo se, dato un qualsiasi altro elemento C, C è un elemento di A se e solo se C è un elemento di B.

In buona sostanza, e in parole più semplici, l'assioma afferma che due insiemi sono uguali se e solo se hanno esattamente gli stessi elementi. Ma in questo caso il generico insieme A, che non contiene elementi, non avendo nessun elemento C su cui fare confronti, non può essere uguale a nessun altro insieme, e quindi è unico.

Allora, banalmente, se l'insieme vuoto è unico, possiamo anche dargli un nome preciso: lo chiamiamo insieme vuoto. Partendo dall'insieme vuoto sono poi costruiti tutti gli insiemi finiti, ovvero che contengono elementi, ma in questo contesto non ce ne occupiamo.

Abbiamo visto l'insieme vuoto. Questo insieme è spesso chiamato insieme nullo (che non ha valore), anche se questo può creare confusione rispetto al concetto di insieme che non contiene nessun elemento. Infatti l'insieme nullo si identifica più che altro nella teoria della misura, dove denota un insieme trascurabile ai fini della misura.

Occorre allora ricordare che la teoria della misura è la branca dell'analisi reale e complessa che studia sigma-algebre, ovvero famiglie di sottoinsiemi di un insieme non vuoto Ω (omega), con proprietà di chiusura rispetto ad alcune operazioni insiemistiche. La teoria della misura si occupa dunque di spazi misurabili, insiemi misurabili, funzioni misurabili ecc. La nozione di misura, e quelle ad essa correlate, nascono a cavallo tra il secoli XIX e XX, nell'ambito appunto della formalizzazione della complessa teoria della misura.

Torniamo ai nostri insiemi. Ecco come viene indicato graficamente l'insieme vuoto, ovvero che non contiene elementi.

Per esprimerlo si utilizza il simbolo { } oppure Ø. Quest'ultimo, il simbolo Ø, viene usato per la prima volta da un gruppo di matematici, in maggior parte francesi, all'inizio del XX secolo.

Questi matematici scrivono sotto lo pseudonimo collettivo di Nicolas Bourbaki.

Con questo eteronimo, tra il 1935 e il 1983, viene pubblicata una serie di libri finalizzati all'esposizione sistematica di nozioni della matematica moderna avanzata.

Il gruppo, con questa operazione scientifica, si pone l'obiettivo di fondare l'intera matematica sulla teoria degli insiemi.

Tra questi matematici illuminati vi è André Weil e pare sia proprio lui, nel 1939, a introdurre il simbolo Ø per indicare l'insieme vuoto.

Weil, ci dice niente questo nome? Ebbene, André è il fratello maggiore di Simone Weil, la straordinaria filosofa e storica francese.

Simone, anzi, per la precisione Simone Adolphine, nasce a Parigi nel 1909. Mente eclettica, si interessa di filosofia, letteratura e anche di mistica. La sua fama è legata, oltre che alla vasta produzione saggistico-letteraria, alle drammatiche vicende esistenziali che attraversa. Dalla scelta di lasciare l'insegnamento per sperimentare la condizione operaia, fino all'impegno come attivista partigiana, nonostante i persistenti problemi di salute. È vicina al pensiero anarchico e all'eterodossia marxista.

Insomma, hanno geni straordinari questi Weil. André si appassiona alla matematica già a 10 anni e il suo personale, straordinario contributo diventa negli anni fondamentale per gli sviluppi di molte aree di questa disciplina.

Eternamente grati ai Weil, torniamo all'insieme vuoto, cercando di fare attenzione a non confondere il simbolo Ø con la lettera greca Φ (phi) o con la vocale scandinava Ø, sebbene pare che André Weil si ispiri proprio alla lettera scandinava nel definire il suo simbolo.

Meno confusione genera la notazione { }, che è un modo più semplice per indicare l'insieme vuoto.

Ricordiamo anche che con l'espressione {Ø} si indica l'insieme che contiene l'insieme vuoto. Questo non va confuso, ovviamente, con il semplice insieme vuoto Ø, e neppure con il numero Zero, che spesso viene indicato con Ø. Ma dello Zero come numero parliamo più avanti.

Ecco ora siamo in grado di distinguere tra i vari simboli e se ci capita di trovare insieme, nello stesso testo, sebbene poco probabile, tutte le notazioni

Ø, Ø, Φ

abbiamo bene in mente le differenze. Il simbolo di insieme vuoto, ovvero Ø, è basato su un cerchio, come la lettera O. La lettera scandinava è un ovale con una barra obliqua. Infine la barra della Φ (lettera greca) è verticale e non obliqua.

Va bene, per ora abbiamo visto lo Zero inteso come Nulla e il concetto di Nulla inteso come vuoto.

4 NULLA COME NIENTE

Ma il concetto di Nulla viene usato spesso anche come sinonimo di Niente. E c'è una bella differenza nel considerarlo l'uno o l'altro.

Innanzitutto il vocabolo "niente" ha una provenienza che da sola crea dubbi e di conseguenza le perplessità sul suo significato sono praticamente inevitabili.

L'etimologia potrebbe essere latina:

nec entem oppure nec gentem

che significano rispettivamente nessuna entità e nessuna nazione.

Spesso si ricorre a frasi più complesse proprio per evitare l'incertezza del senso.

Per esempio al posto di "non c'è nulla dentro" nessuno ci vieta di dire "non c'è nessuna cosa dentro" e per esprimere "non manca nulla" nessuno ci vieta di dire "ogni cosa è presente".

Se infine analizziamo il termine nulla dal punto di vista grammaticale, notiamo poi che è un sostantivo, e un sostantivo si riferisce per definizione a qualcosa, infatti deriva dal latino *substantia*, ovvero sostanza, realtà.

Ma un Nulla che è un niente, può avere sostanza?

È evidente che lo Zero è un mistero anche nella sua definizione grammaticale.

La logica moderna cerca di distinguere questi punti e molti filosofi sostengono che la parola "nulla" non funga da sostantivo proprio perché non esiste nessun oggetto a cui si riferisca. Ma allora, che cos'è?

5 ZERO IN CONTRAPPOSIZIONE ALL'1

Qualche volta si è considerato lo Zero come niente e poi si è pensato allo Zero-niente come il "non essere", in contrapposizione all'1 come "essere".

Stiamo ancora parlando di un concetto e non di un numero.

Per esempio, in informatica, e in particolare nella programmazione delle macchine, notiamo lo Zero associato a uno stato ben definito.

Per trasmettere comandi o istruzioni a un computer occorre scrivere dei programmi. Per farlo viene utilizzato un linguaggio, detto linguaggio macchina o codice macchina, che è basato su un alfabeto binario.

Il processore o Cpu è la componente hardware del computer che è in grado di eseguire i programmi appositamente scritti in linguaggio macchina.

Consideriamo che il computer è in grado di fare cose semplici ma a una velocità infinita rispetto a noi.

Grazie a questa velocità, seppure istruzione dopo istruzione, il computer riesce a fare cose per noi inimmaginabili.

La cosa più semplice, il mattone iniziale per eseguire qualunque operazione anche complessa, è rilevare la differenza tra due stati specifici, per esempio di un circuito: *Zero = non passa corrente*, mentre *1 = passa corrente*.

Questo esprime, grossolanamente, il linguaggio macchina che si basa sul codice binario.

In informatica, la definizione di codice binario si riferisce, in generale, a notazioni che utilizzano simboli binari (0 e 1) o bit. L'espressione viene usata anche in senso generico per intendere un codice (nell'accezione della teoria dell'informazione, della crittografia o di altre discipline analoghe) che utilizza un alfabeto composto da due soli simboli: 0 e 1.

A partire da qui, dalla differenza tra 0 e 1, siamo stati in grado di programmare i computer per mandare l'uomo sulla Luna e molto altro. Sì, nel 1969 con la missione Apollo 11 gli americani portano l'uomo sulla Luna, impresa impossibile senza l'aiuto dei computer, anche se i computer di allora erano meno performanti di un attuale orologio digitale da polso.

Ripassiamo ora velocemente: nel programmare le macchine si utilizza il codice binario (o linguaggio macchina) che è sostanzialmente composto da due soli simboli: lo 0 e l'1. Uno per indicare che transita corrente elettrica (in un circuito), Zero per indicare la mancanza di questo impulso. L'assenza oppure la presenza di qualcosa. Lo Zero in contrapposizione all'1.

Ecco allora la novità.

Questo passo ci porta alla considerazione dello Zero come mancanza. In questo caso di corrente elettrica, ma lo Zero come 'mancanza' spesso lo si intende anche come mancanza assoluta.

Qui allora occorre una riflessione più profonda sul concetto di Zero come mancanza e l'analisi comincia a farsi decisamente più interessante.

6 SENTIRE IL NULLA COME MANCANZA DI QUALCOSA

Abbiamo visto lo Zero come Nulla e il Nulla come Vuoto. Poi abbiamo visto che il termine Nulla può anche indicare l'assenza di qualcosa. E l'assenza di qualcosa, ci rimanda alla cosa di cui si nota la mancanza.

Allora dobbiamo cercare di capire meglio l'essenza di questo Nulla.

L'essenza del concetto di Nulla è da sempre oggetto di analisi e studi da parte di filosofi e di teologi. Per definire il "Nulla" qualcuno segue un approccio ontologico ovvero si attiene alla filosofia dell'essere e del non essere.

In realtà, con nell'accezione ontologica, e in particolare con il filosofo Parmenide, il Nulla assume il significato di non-essere.

Parmenide nasce approssimativamente nel 515 a.C. (anno più, anno meno, dato che un documento attendibile non lo abbiamo) a Elea, in Magna Grecia, precisamente in quella che oggi è Ascea, nella regione Campania.

Il suo *Poema sulla Natura* è considerato il vero e proprio inizio della storia della filosofia. L'opera, si compone di un Proemio e di una trattazione in due parti: *La via della Verità* e *La via dell'Opinione*. Dopo il Proemio inizia la prima parte del poema, che si occupa della Verità, e quindi dell'Essere.

Parmenide sostiene che gli eventi del mondo fisico sono illusori e afferma, contrariamente a quanto si percepisce di solito, la realtà dell'Essere. È l'Essere che è immutabile, ingenerato, finito, immortale, unico, omogeneo, immobile, eterno.

Nel poema espone le sue costruzioni filosofiche attraverso il racconto di un viaggio immaginario verso la dimora di una dea.

Si tratta di Dike, dea della Giustizia, che insieme alle sorelle Eunomia, dea dell'Ordinamento legale, e Irene, divinità della Pace, ha il gravoso compito di far rispettare agli uomini le leggi morali e giuridiche.

Insomma, diciamo che la sua opinione in merito è decisamente da tenere in considerazione. Ora, non abbiamo le prove che Parmenide veda effettivamente Dike, ma se il racconto lo consideriamo veritiero, la dea gli dà sicuramente indicazioni preziose.

Dunque la dea Dike mostra a Parmenide la via dell'opinione, che purtroppo conduce all'apparenza e all'inganno, e poi la via della verità che conduce alla sapienza e all'Essere.

Parmenide afferma che

"l'essere è, e non può non essere, il non-essere non è, e non può essere".

Più precisamente così recita:

… Orbene io ti dirò, e tu ascolta accuratamente il discorso, quali sono le vie di ricerca che sole sono da pensare: l'una che 'è' e che non è possibile che non sia, e questo è il sentiero della Persuasione (infatti segue la Verità); l'altra che 'non è' e che è necessario che non sia, e io ti dico che questo è un sentiero del tutto inaccessibile: infatti non potresti avere cognizione di ciò che non è (poiché non è possibile), né potresti esprimerlo.
… Infatti lo stesso è pensare ed essere.

Questa affermazione "lo stesso è pensare ed essere" viene ripresa 2000 anni dopo da Cartesio.

René Descartes, latinizzato in Renatus Cartesius e italianizzato in Renato Cartesio, nasce in Francia a La Haye en Touraine, oggi Descartes, il 31 marzo 1596. È ritenuto il fondatore della matematica nonché della filosofia moderna.

Ma sicuramente è nota ai più la sua locuzione *cogito ergo sum*, che significa letteralmente *penso dunque sono*.

Ecco qui, Parmenide e Cartesio esprimono allora la certezza indubitabile che l'uomo ha di se stesso, in quanto soggetto pensante.

La dialettica tra *essere* e *non essere* piace poi anche a Shakespeare, che la fa esprimere al suo Amleto.

William Shakespeare è generalmente considerato il più importante scrittore in lingua inglese e le sue opere teatrali sono tradotte in tutte le maggiori lingue del pianeta.

Scritta tra il 1600 e il 1602, *The Tragedy of Hamlet, Prince of Denmark*, e conosciuta più semplicemente come Amleto, è tra le opere più rappresentate. Il soliloquio di Amleto essere o non essere (Atto III, scena I), è il passaggio più famoso del dramma e vanta un'immensa gamma di interpretazioni sui palcoscenici di tutto il mondo.

Tornando a Parmenide, per lui, con o senza le preziose indicazioni di Dike, l'Essere è privo di imperfezioni e identico in ogni sua parte. In pratica si può assimilare a una sfera, per contro il Nulla è semplicemente il *non essere*.

7 DA PARMENIDE A PLATONE

Siamo partiti da Parmenide per intraprendere un breve viaggio nel concetto di Nulla in filosofia.

Sottolineiamo però che il *non essere* di Parmenide è un *non esserci* solo in contrapposizione al generico *esserci*.

Ma essendo il non essere in contrapposizione all'essere, questo concetto di Nulla già si avvicina un po' al concetto di mancanza di.

Infatti come si può dire che qualcosa *non è?*

Lo si fa solo avendo ben chiaro il concetto di essere, il concetto di qualcosa che *è.*

Un passo avanti viene fatto da Platone.

Il filosofo Platone, che nasce ad Atene nel 428 a.C., assieme al suo maestro Socrate e al suo allievo Aristotele pone di certo le basi del pensiero filosofico occidentale.

Per Platone il *non essere* è decisamente il non essere di qualcosa che c'è. Quindi non solo ha un senso, ma in qualche modo ha la stessa "concretezza" della cosa che c'è e di cui si sente la mancanza.

Ha la stessa forma, la stessa "sostanza" di quel qualcosa che esiste e a cui si riferisce il non esserci.

Lo esprime egregiamente nell'opera *Sofista*, al vertice della sua riflessione filosofica, dove pone il Nulla come *non-essere* dell'essere di qualcosa, quindi come alterità del ciò che *è*.

Il Sofista è un dialogo dedicato a temi ontologici e risale all'ultima fase della produzione di Platone.

Il filosofo affronta il tema del non essere e compie un parricidio ai danni di Parmenide. Il Sofista, infatti, con i suoi discorsi falsi e ingannevoli, fa apparire come *"essente"*, che invece *non è*. Contravviene in questo modo al monito di Parmenide: ciò che *non è* non devi forzare ad *essere*. Platone definisce il *non essere* come modalità dell'*essere*, come diversità (essere altro da qualcosa). Tutto ciò che *è*, che è partecipe dell'*essere*, risulta anche *non essere*. Anche le idee sono identiche a loro stesse, ma diverse le une dalle altre, poiché l'una non è l'altra. La realtà trascendente pertanto si articola in una molteplicità di enti, dei quali l'uno non è l'altro. L'*essere* è dunque una molteplicità, mentre il non essere è *infinito*.

Allora per Platone le cose *sono* e insieme *non sono*, nella loro partecipazione all'*essere*. Dunque nel suo concetto del Nulla supera Parmenide.

Il suo atteggiamento nei confronti di Parmenide diventa poi un suo parricidio.

Infatti il termine parricidio, in senso culturale, viene di solito usato per definire il processo di superamento o confutazione da parte di un allievo nei confronti del proprio maestro. Dunque il parricidio di Platone nei confronti di Parmenide, è comunemente conosciuto come "parmenicidio", ovvero l'uccisione ideale che Platone intraprende, in vecchiaia, nei confronti del pensiero di Parmenide.

Riconsideriamolo con attenzione.

Il parmenicidio di Platone, non è affatto un parricidio fisico, anche perché Platone non aveva alcun rapporto di parentela con Parmenide.

Il parricidio platonico consiste nell'inserire la possibilità della non esistenza come essenza, andando così a negare la definizione dell'essere formulata da Parmenide.

È anche vero che su questa strada si può incorrere all'errore che viene chiamato di reificazione. Ovvero si rischia di considerare reale ciò che è astratto.

Reificazione o no, molti esistenzialisti, scrittori e filosofi postmoderni abbracciano il concetto del Nulla come mancanza di qualcosa, e non come mancanza di tutto, aderendo quindi alla visione di Platone.

Secondo Platone le cose visibili intorno a noi non sono che copie imperfette di un insieme di forme ideali perfette. Modelli da cui tutti gli oggetti materiali derivano le loro proprietà. Queste forme sono eterne, indistruttibili e immutabili. Inoltre se si eliminasse ogni entità materiale presente nell'universo fisico, queste forme eterne continuerebbero a esistere.

Allora, se consideriamo il Nulla come una di queste forme, è impossibile concepire una sua manifestazione imperfetta che meriti ancora il nome di Nulla.

Ma dove sono contenute queste forme perfette?

Un vuoto che contenga anche una sola cosa non è affatto un vuoto. Però sul vuoto (definendolo ancora tale) che contiene cose, si basa il modello atomista della realtà elaborato da Leucippo di Mileto e dal suo amato allievo Democrito. E qui, se parliamo di amore platonico, avendo poc'anzi citato l'esimio filosofo ateniese, creiamo sicuramente ulteriore confusione.

In realtà dichiariamo che l'amore di Leucippo e Democrito è tutt'altro che "platonico" e dunque, almeno in questo caso, nessuno avrà un sovraccarico di lavoro per i propri neuroni.

Sulla vita del filosofo greco Leucippo, nato appunto a Mileto, città greca sulle coste dell'Asia Minore, nella prima metà del V secolo, non si hanno notizie davvero certe. La fonte più attendibile è quella di Aristotele, che quando parla di Leucippo, lo pone sempre in coppia col suo collega Democrito, insieme al quale è il fondatore dell'atomismo.

Democrito è allievo e compagno di Leucippo. È abbastanza difficile distinguere le idee attribuibili a Democrito da quelle del suo maestro. Democrito è il più prolifico scrittore tra i presocratici, considerato uno di loro anche se, effettivamente, nasce dopo

Socrate, per morire, forse centenario, durante la vita di Platone e Aristotele.

Torniamo agli atomisti. In realtà questo modello filosofico dell'atomismo si delinea già intorno alla fine del VII secolo a.C., ma si afferma in modo netto proprio con Leucippo e Democrito, quindi un paio di secoli dopo.

Chissà, forse seduti all'ombra di un vecchio noce nell'assolata Tracia, Leucippo e Democrito, passano i giorni a valutare la consistenza delle cose. Forse sono così presi nell'esprimere e confrontare idee e tesi tra di loro, e anche con gli altri della Scuola atomista, da dimenticarsi persino di nutrirsi.

Ad ogni buon conto Leucippo e Democrito, insieme alla Scuola degli atomisti da loro fondata, affermano che sono elementi sia il pieno sia il vuoto. Dunque considerano l'uno come *essere*, l'altro come *non-essere*.

Identificano il pieno, quindi il solido, con l'*essere*, e il vuoto con il *non-essere*. L'*essere* e il *non-essere* hanno pari valore. Essi sostengono che l'*essere* non esista affatto più del *non-essere*. Il vuoto è reale come il pieno.

Gli atomisti teorizzano che il mondo naturale sia fatto di atomi indivisibili, ma che possono aggregarsi, e il Vuoto come una cosa a sé e non un contenitore di elementi, di cose.

L'eredità degli atomisti è sicuramente importante. In pratica cambia il mondo, il modo di vederlo.

Ora ogni cosa è in relazione alle altre. Ora ci pare di avvertire l'invisibile che prima non sentivamo. Una rivoluzione, certo. Ma la visione di Aristotele è un'eredità altrettanto preziosa.

8 LA VISIONE DI ARISTOTELE

Aristotele nasce nel 384 a.C. a Stagira, la moderna Olympia, che al tempo è colonia greca, nella parte nord-orientale della penisola calcidica della Tracia.

Con la sua mente visionaria considera i fenomeni naturali interessandosi soprattutto all'individuazione di finalità nel moto e nel mutamento. Aristotele respinge la possibilità che il Vuoto possa esistere, tanto nel mondo quanto al di fuori.

L'universo di Aristotele ha un volume finito e racchiude ogni cosa esistente. È un continuo pieno di materia, e lo spazio è definito dai corpi che contiene. D'altra parte il Nulla non ha né cause né effetti, né ragione né termine, e risulta dunque inconcepibile secondo la struttura logica aristotelica.

Secoli dopo, a Stoccarda, in Germania, nasce Georg Wilhelm Friedrich Hegel che con il passare del tempo viene considerato uno dei più grandi filosofi della storia contemporanea.

Hegel propone una teoria secondo la quale l'*esistente* e il *non-esistente* sono indeterminati allo stesso modo, come concetti assoluti, e si contrappongono *all'essere determinato*. Dunque nella caratterizzazione dell'*essere*, influisce anche il *non-essere*.

Nella teoria di Hegel assume poi un'importanza particolare il *divenire*, ovvero il passaggio dal *non-essere* all'*essere* specifico e determinato. Inoltre nel processo del *divenire*, il *non-essere* si trasforma continuamente nel diventare *essere*. Allora durante il *divenire* possiamo dire che l'*esistente* e il *non-esistente* sono la stessa cosa, dato che il processo è continuo.

Se ipotizziamo di definire la vita di un oggetto con una linea temporale, allora definiamo come *divenire* il mutamento dell'oggetto nel passare da un istante a quello successivo.

Nell'istante i l'oggetto non è ancora ciò che sarà nell'istante i+1, e nell'istante i+1 non è ciò che sarà nell'istante i+2. Per questo il *divenire* è un continuo passaggio dal *non-esistente* all'*esistente*, e poi di nuovo al *non-esistente*, considerando la progressione del punto di riferimento insieme con il tempo.

Un altro tedesco, il filosofo Arthur Schopenhauer, che vive a cavallo tra '700 e '800, recupera alcuni elementi dell'illuminismo, della filosofia di Platone, del romanticismo e persino del kantismo, fondendoli con la suggestione esercitata in quel tempo dalle dottrine orientali, specialmente quella buddhista e induista.

Il risultato? Schopenhauer crea una sua originale concezione filosofica, indubbiamente caratterizzata da un forte pessimismo.

Questa concezione ha una straordinaria influenza, seppur a volte completamente rielaborata, sui filosofi successivi, come per esempio Nietzshe, e in generale sulla cultura europea coeva e successiva, inserendosi in quella che viene poi chiamata corrente delle filosofie della vita.

Questa corrente filosofica si sviluppa alla fine dell'Ottocento in opposizione all'illuminismo, al positivismo e all'intellettualismo, ed è spesso definita con il termine di irrazionalismo. I primi elementi si trovano nell'ambito del primo romanticismo tedesco che concepisce l'esistenza come una continua tensione del finito verso l'infinito.

Tornando a Schopenhauer, notiamo che considera l'Essere come oggettivazione della Volontà, mentre il Nulla è il risultato della negazione della Volontà stessa.

Del Nulla niente si può dire, in quanto i nostri sistemi percettivi e concettuali nascono dalla Volontà e servono i suoi scopi. Nonostante ciò, il Nulla è umanamente raggiungibile e attingibile, come avviene nelle esperienze estatiche dei mistici.

9 NULLA E NICHILISMO

Il nichilismo, poi, dal latino classico *nihil* e dal latino medievale *nichil*, ovvero nulla, è la dottrina filosofica che suggerisce la negazione di uno o più aspetti apparentemente significativi della vita. Da questo deriva come il mondo (l'esistenza umana in particolare) sia privo di senso, scopo, valore etico, e la verità sia incomprensibile. Se inteso in forma di nichilismo esistenziale, anche la vita è senza senso, senza obiettivo e senza valore intrinseco.

Si pensa subito a Nietzsche, anche se possiamo considerare già Socrate padre del nichilismo.

Friedrich Wilhelm Nietzsche nasce nella Sassonia-Anhalt, in Germania, nel 1844.

È generalmente considerato tra i massimi filosofi e prosatori di ogni tempo.

Nietzsche ha un'influenza controversa, ma forte, sia sul pensiero filosofico, sia letterario, politico e scientifico del Novecento. Anche il suo pensiero, appartiene al filone delle filosofie della vita ed è considerato da alcuni uno spartiacque fra la filosofia tradizionale e quello che è un nuovo modello di riflessione, informale e provocatorio.

Il nichilismo afferma che anche la morale non esiste di per sé, e che tutti i valori morali sono stabiliti astrattamente e artificiosamente.

Il termine *nichilismo* è qualche volta usato in associazione con *anomia* per spiegare lo stato d'animo generale di disperazione e di una inutile percezione dell'esistenza.

Schopenhauer, Nietzsche e molti altri filosofi abbracciano la negazione per sprofondare nel nulla. Lo fa persino il poeta Leopardi, o meglio il conte Giacomo Taldegardo Francesco di Sales Saverio Pietro Leopardi.

Leopardi nasce a Recanati, nelle Marche, nel 1798. È ritenuto il maggior poeta dell'Ottocento italiano e una delle più importanti figure della letteratura mondiale, nonché uno dei principali protagonisti del romanticismo letterario. Giacomo Leopardi, al pari di Schopenhauer, Kierkegaard, Nietzsche e più tardi di Kafka, è visto come un esistenzialista o almeno un precursore dell'Esistenzialismo.

Nella poesia *A sé stesso* recita:

Amaro e noia la vita, altro mai Nulla; e fango è il mondo.

Abbiamo cominciato a vedere come la percezione del concetto di Nulla, si articoli nel tempo e nelle varie culture. Continuiamo su questa strada.

In sanscrito, la lingua indiana appartenente alla famiglia delle lingue indo-europee, il termine *shunyata* indica Nulla, assenza, e a questa parola si rifà spesso il buddismo.

Ricordiamo che il buddismo è una religione, o meglio filosofia di vita, tra le più antiche e più diffuse al mondo. Praticamente nasce dagli insegnamenti dell'asceta itinerante indiano Siddhārtha Gautama, che vive tra il VI e il V secolo avanti Cristo.

Il buddismo rappresenta l'insieme di tradizioni, sistemi di pensiero, pratiche e tecniche spirituali, individuali e devozionali, nate proprio dalle differenti interpretazioni di queste pratiche di vita. A partire dall'India il buddismo si diffonde nei secoli successivi soprattutto nel Sud-est asiatico e in Estremo Oriente, giungendo infine, a partire dal XIX secolo, anche in Occidente.

Tornando al termine *shunyata*, è proprio partendo da questa parola, che alcuni studiosi formulano un parallelismo tra buddismo ed esistenzialismo.

Il Nulla del buddismo in pratica stabilisce ciò che *non è* e ciò che *è*.

E poi c'è il *dukkha*, altro termine sanscrito che esprime la sofferenza che nasce dalla consapevolezza di quel Nulla.

C'è il *non-nato*, il *non-originato*, il *non-creato*, il *non-condizionato*.

Se non fosse per questo *non-nato*, *non-originato*, *non-creato*, *non-condizionato*, non ci sarebbe via d'uscita dal *nato*, dall'*originato*, dal *creato*, dal *condizionato*.

Ma poiché c'è questo *non-nato*, *non-originato*, *non-creato*, *non-condizionato*, allora c'è una via d'uscita dal *nato*, dall'*originato*, dal *creato*, dal *condizionato*.

È questo che dice il Budda. È questo che fa continuamente cercare qualcosa che dia sollievo, che liberi gli esseri umani dal *dukkha* perenne.

Dobbiamo però dire che in alcune forme di buddismo il Nulla, *shunyata*, non viene considerato come non-essere, ma come uno stato della mente (*nirvāna*). In questo caso chi raggiunge il Nulla come stato mentale è in grado anche di essere totalmente concentrato su un pensiero o su un'attività. Di esserlo a un livello tale che non avrebbe potuto raggiungere se fosse stato coscientemente attivo nel pensare. Pare allora evidente che per poter essere operativi, paradossalmente occorre raggiungere il Nulla.

Ma allora, non basta questo concetto a far capire che il Nulla è in realtà il Tutto? Ma questo concetto lo vediamo meglio più avanti.

10 IL NULLA DEGLI ESISTENZIALISTI

In occidente, l'esistenzialismo si fonda sul valore specifico dell'individuo. Sul suo carattere precario e finito, e sulla "solitudine di fronte alla morte".

L'esistenzialismo come corrente di pensiero si esprime nella filosofia, nella letteratura, nelle arti e nel costume. Nasce tra il XVIII e il XIX secolo, anche se in effetti si afferma con decisione nel XX secolo, diffondendosi in maniera più incisiva tra il 1920 e il 1950.

Fondatori dell'esistenzialismo sono Karl Theodor Jaspers, classe 1883, che nasce nella piccola cittadina di Oldenburg, in Bassa Sassonia, e Martin Heidegger, anch'egli tedesco, di Meßkirch, nel land del Baden-Württemberg, e di qualche anno più giovane.

Jasper, è sia filosofo sia psichiatra. Contribuisce in maniera importante alle riflessioni nel campo della psichiatria, della filosofia, ma anche della teologia e della politica.

Heidegger è considerato il maggior esponente dell'esistenzialismo ontologico e fenomenologico.

I filosofi dell'esistenza, a partire dai due fondatori, mostrano la piena presa di coscienza del dramma dell'essere al mondo.

Per loro, l'esserci è già di per sé tragico, senza possibilità di liberazione.

Ecco allora che il Nulla è dove sprofonda l'essere umano. Ma mentre i buddisti chiamano la sofferenza dell'esserci *dukkha*, intravedendo la via per la sua liberazione o quanto meno per la sua sopportazione, l'occidente conia il termine angoscia.

Quindi se *dukkha* vuol dire letteralmente "difficile da sopportare", per gli esistenzialisti questo peso, questa sofferenza, è assolutamente impossibile da reggere e dunque sfocia nell'angoscia.

Come chiamiamo oggi questo mal di vivere? Forse semplicemente depressione. Ovvero quello stato di consapevolezza (errata) di essere soli al mondo, di avere intorno solo vuoto, un vuoto che paralizza, blocca, rende inutile ogni tentativo di reazione e di qualunque forma di azione.

Recita Quasimodo nella poesia *Ed è subito sera*:

Ognuno sta solo sul cuor della terra,
trafitto da un raggio di sole:
ed è subito sera.

Ma se siamo avvolti dal vuoto, ovvero se il vuoto ci contiene, possiamo ancora chiamarlo vuoto?

E non vogliamo qui assolutamente sconfinare nella religione o nella fede, due concetti che vanno sempre e comunque considerati separatamente, altrimenti è decisamente evidente come la sensazione di essere soli al mondo non abbia motivo di esistere se si ha la consapevolezza, la certezza, dell'esistenza di Dio.

Dio, e non religione. Dio, con qualunque nome lo si chiami.

11 DALLA FISICA ALLA METAFISICA

Abbiamo visto che il concetto di Nulla, concludendo la panoramica della percezione dello Zero come stato e non come numero, si articola dalla fisica alla metafisica, per arrivare alla religione.

In fisica la parola Nulla non viene impiegata in alcun senso tecnico, anche se consideriamo il termine Nulla come vuoto.

In fisica si definisce vuoto una regione dello spazio che non contiene alcuna materia, ma che può contenere campi fisici (campi elettrici, gravitazionali ecc.), ovvero una regione sottoposta a forze di una qualche natura.

Impossibile sarebbe poi avere una regione senza materia e senza campi, dal momento che la gravità non può essere bloccata e che tutti gli oggetti sono sopposti a forze elettromeccaniche.

Ma qui entriamo nel campo della meccanica quantistica che studia il mondo, e l'universo, a partire dai *quanti*, ovvero i minuscoli concentrati di energia che compongono la materia.

Molto velocemente, rispetto ai più lunghi tempi dell'evoluzione scientifica, la meccanica quantistica mette in soffitta la meccanica classica.

Infatti nell'Ottocento si pensa di aver compreso i principi fondamentali della Natura. Gli atomi sono i mattoni con cui è costruito il mondo. Gli assunti di Newton e Galileo sembrano bastare a spiegare il moto dei pianeti e di tutti gli altri corpi.

Nessuno scienziato è colto da nuove folgorazioni visionarie.

Ma nella seconda metà del secolo si riscontrano alcune incongruenze tra teoria e dati sperimentali. Si delinea quella che viene chiamata "crisi della fisica classica", dato che alcune osservazioni sperimentali fanno mettere in dubbio le concezioni classiche del mondo fisico. Così, con il XX secolo, molti scienziati indagano di nuovo la natura delle cose. I dubbi insoddisfatti dalle vecchie ipotesi, trovano risposta nella Teoria della Relatività, e nella Teoria Quantistica. Di fatti ha origine una rivoluzione nel pensiero scientifico, segnando il passaggio dalla fisica classica alla fisica moderna

In particolare è l'intuito del fisico tedesco Max Planck che porta ad introdurre il nuovo concetto dell'energia discreta. Planck chiama *quanti* i valori consentiti di energia. Inoltre asserisce che alcune quantità o grandezze di certi sistemi fisici a livello microscopico, come l'energia o il momento angolare, variano soltanto di valori discreti, i quanti, e non continui. Spieghiamo di più.

Max Planck nasce a Kiel, in Germania, nel 1858. Nel 1900 rende nota la sua ipotesi nella quale sostiene che gli scambi di energia nei fenomeni di emissione e di assorbimento delle radiazioni elettromagnetiche avvengono in forma discreta, non già in forma continua, come sostiene la teoria elettromagnetica classica.

Nel 1901 Planck passa dall'ipotesi quantistica alla vera e propria teoria quantistica, secondo la quale gli atomi assorbono ed emettono radiazioni in modo decisamente discontinuo, per quanti di energia, cioè quantità di energia finite e discrete.

In questo modo anche l'energia può essere concettualmente rappresentata, come la materia, sotto forma granulare. I quanti sono appunto come granuli invisibili di energia. La teoria gli vale il premio Nobel per la fisica del 1918. Planck è molto credente. Riguardo alla relazione tra scienza e religione, scrive:

scienza e religione non sono in contrasto, ma hanno bisogno una dell'altra per completarsi nella mente di un uomo che riflette seriamente.

Un altro merito della fisica quantistica è quello di far gradualmente comprendere che la conoscenza della realtà è ben lontana dall'essere completa.

La fisica quantistica difatti rivoluziona il concetto di misura.

Misurare una grandezza, vuol dire trovare il rapporto fra questa e un'altra omogenea ad essa, assunta come termine di confronto (cioè come unità di misura). Per effettuare una misurazione è necessario disporre di due elementi fondamentali: un sistema di misura, costituito da strumenti e attrezzature, e una metodologia adatta al compito, che utilizzi al meglio i mezzi a disposizione.

La fisica dei quanti, in particolare con il principio di indeterminazione, stabilisce l'impossibilità di conoscere lo stato di una particella senza perturbarlo in maniera irreparabile.

In pratica, se anche riusciamo a immaginare che possa essere possibile misurare con precisione una quantità di un sistema non si può in alcun modo determinare quale fosse il suo valore prima della misurazione.

Lo zero assoluto, pari a -273.15°C (gradi Celsius), è considerata la temperatura sotto la quale è impossibile scendere e dove le particelle atomiche restano in qualche modo ferme.

Ancora una volta però la pratica confuta la teoria. Di recente alcuni scienziati sono riusciti a scendere sotto lo zero assoluto.

Dobbiamo di nuovo riscrivere le leggi fisiche? Forse.

Per tornare al nostro seminato, al concetto di Nulla come vuoto, se anche supponessimo possibile avere uno spazio senza materia e senza campi, questo sarebbe comunque circoscritto e, quindi, in qualche modo misurabile.

Stiamo qui toccando il vuoto quantomeccanico teorizzato nel '76 dal fisico italiano Massimo Corbucci, che propone un nuovo sistema di livelli atomici.

Senza scendere troppo nei complicati meandri della quantistica, in questo contesto ci viene semplicemente da chiederci: qualcosa di misurabile si può ancora definire Nulla?

Nel passare dalla fisica alla metafisica (ciò che sta oltre le cose fisiche), nel voler andare al di là dei fenomeni fisici che sono mutevoli, instabili, accidentali, ci si concentra sull'eterno che si presume stabile, necessario, assoluto. Si cerca l'eterno, il metafisico, per trovare l'essenza dell'essere. E qui i rapporti tra metafisica e ontologia, che come abbiamo visto è lo studio dell'essere in quanto tale, diventano molto stretti.

Abbiamo detto che è per primo Parmenide a porsi la domanda metafisica fondamentale: perché l'essere piuttosto che il Nulla?

Ma all'ambito della ricerca metafisica tradizionale appartengono anche questioni inerenti l'esistenza di Dio, all'immortalità dell'anima, all'essere in sé, e ancora dell'origine e del senso del cosmo, nonché della relazione fra la trascendenza dell'Essere e dell'immanenza degli enti materiali.

12 NULLA ANCHE NELLA RELIGIONE

Nella filosofia occidentale il concetto di Nulla nel tempo è utilizzato non solo in contrapposizione a quello di essere, ma anche in senso teologico in due interessanti accezioni opposte: come *il non-divino* (così lo intendono i filosofi Cartesio e Kant) e come *essenza profonda del divino*, come è per il filosofo Eriugena, il teologo Meister Eckhart e per Jacob Böhme.

Quest'ultimo è uno dei principali esponenti del misticismo cristiano moderno.

Come *non-divino* e quindi *non-spirituale*, il Nulla è spesso identificato anche con la materia. E questo è il punto di vista per esempio del filosofo greco Plotino e di Sant'Agostino.

Ed ecco che arriviamo alla religione.

Molti scienziati cercano prove, e qualcuno con arroganza pensa di averne trovate, della non esistenza di Dio o quanto meno le prove che non vi sia nulla (alcuna cosa) che ne giustifichi l'esistenza.

Il contemporaneo Stephen Hawking, brillante fisico, nonché matematico, cosmologo e astrofisico britannico, è noto soprattutto per i suoi studi sui buchi neri e sull'origine dell'universo. Tra le sue idee più importanti vi sono la radiazione di Hawking, la teoria cosmologica sull'inizio senza confini dell'universo, la termodinamica dei buchi neri. Hawking, insieme ad altri scienziati, partecipa anche all'elaborazione di numerose teorie fisiche e astronomiche, come il multiverso, la formazione ed evoluzione galattica e l'inflazione cosmica.

Lo scienziato occupa la cattedra lucasiana di matematica all'Università di Cambridge, la stessa di Isaac Newton, per circa trent'anni, dal 1979 al 30 settembre 2009. Hawking è membro della Royal Society, della Royal Society of Arts, della Pontificia Accademia delle Scienze. Nel 2009 riceve la Medaglia presidenziale della libertà, la più alta onorificenza degli Stati Uniti d'America, conferitagli direttamente dal presidente Obama.

Insomma, è uomo e scienziato di grande spessore. Propone che si possa trovare una teoria unificata dell'universo, e in buona sostanza riporta in auge l'antico sogno di Einstein (ahimè, mai soddisfatto), di spiegare con un'unica formula ogni fenomeno fisico, far comprendere il segreto matematico che sta al cuore dell'universo, e quindi riunire insieme, in un solo campo, le forze dell'infinitamente piccolo e quelle dell'infinitamente grande.

Dunque Hawking cerca una teoria del tutto, conosciuta anche come TOE, dall'acronimo delle parole inglesi Theory Of Everything, che spieghi come collegare assieme tutti i fenomeni fisici conosciuti.

Il brillante scienziato è ateo e le sue ricerche sono orientate da questa convinzione, come vediamo fra poco.

Per lui:

l'universo può crearsi e si crea dal Nulla. La creazione spontanea è il motivo per cui c'è qualcosa anziché Nulla, per cui l'universo esiste, per cui noi esistiamo. Non è necessario invocare Dio.

Hawking in pratica afferma che l'universo si crea dal Nulla, ma non ci spiega bene cosa intenda per Nulla. Intende un semplice non esserci o il non esserci di qualcosa che esiste? La differenza tra i due concetti, come abbiamo detto, è notevole.

Altro personaggio illustre e di grande spessore a confrontarsi con il Nulla, per poi sconfinare in ambito teologico, è l'italiano Piergiorgio Odifreddi.

Odifreddi, classe 1950, è matematico, logico e scrittore di chiara fama, lascia un po' perplessi quando passa, forse con un po' di leggerezza, dalla filosofia alla religione facendo un volo pindarico per mettere in relazione Zero (che lui però interpreta come Nulla) con Dio. Certo tutte le opinioni si possono ascoltare, condividere o eventualmente criticare, quello però che sconcerta è perché persone che si dichiarino atee vogliano a tutti i costi cimentarsi con intricate formule, teorie, ipotesi e altri affascianti strumenti matematici, o di qualche altro campo scientifico, per dimostrare l'esistenza, o la non esistenza di Dio.

Con le affermazioni espresse in un suo testo intitolato *Caro Papa ti scrivo,* fa scaturire le contrarietà di papa Benedetto XVI che si premura addirittura di rispondergli. Una reazione davvero inusuale. Papa Ratzinger (Benedetto XVI) è uomo di grande cultura e di mente aperta e illuminata. Accetta qualunque espressione di pensiero purché sia critica e fondata.

Lo infastidiscono affermazioni che scaturiscono non da approfondimenti conoscitivi, ma dal… Nulla, appunto.

Il papa rende noto il suo disappunto sulle affermazioni di Odifreddi riguardo Gesù e la teologia in generale.

Qui noi evidenziamo altrettanta perplessità sulla percezione odifreddiana dello Zero.

Il matematico saggista mette insieme termini come *nulla, vuoto, zero,* come fossero sinonimi.

Odifreddi innanzitutto parla di Zero esprimendo in realtà il concetto del Nulla, ma allora, perché non usare un termine più appropriato? *Nulla,* appunto.

Senza coinvolgere lo Zero che ci sta tanto a cuore e di cui siamo qui a disquisire.

Odifreddi, lui pure, si professa con soddisfazione scientifica ateo, ma si arroga il diritto di esprimersi sul concetto di Dio. Dobbiamo crederlo semplicemente una persona che, come tutti noi esseri umani, qualche volta incorre in qualche scivolone (cultural-religioso, in questo caso)?

Dagli scritti di Odifreddi pare probabile che l'autore abbia un po' le idee confuse. Con il beneficio del dubbio. Ma siccome Odifreddi conosce bene il significato dei vocaboli, di tutti i vocaboli, perché non sceglierne di più appropriati? Dunque il dubbio sulla sua confusione è legittimo.

Odifreddi afferma che vi siano molti modi per avvicinarsi al concetto dello Zero-Nulla-Vuoto. Ma sembra considerare i termini allo stesso modo, e spazia dal silenzio religioso, al buco dell'universo, al vuoto esistenziale.

Dice per esempio che a volte non c'è altro, come nella composizione musicale intitolata 4'33" (quattro minuti, trentatré secondi) dell'americano John Cage, la cui opera è centrale nell'evoluzione della musica contemporanea.

In 4'33", l'autore esprime 273 secondi di silenzio, che richiamano esplicitamente la temperatura dello Zero assoluto. Silenzio senza nessuna nota. Allora anche in questo caso lo Zero è inteso come Nulla.

Odifreddi non è l'unico a cuocere nello stesso calderone, lo Zero, il Vuoto, e il Nulla.

Anche Simone Weil, la filosofa che abbiamo già

incontrato parlando del fratello André che aveva introdotto il simbolo Ø per indicare l'insieme vuoto, anche lei si cimenta con il Nulla.

Nei suoi scritti afferma:

C'è il Nulla da cui si fugge, e c'è il Nulla verso cui ci si dirige.

Concepisce il Nulla come Vuoto, come il *non essere*, e dunque afferma che fuggiamo dal Nulla nascendo e che torniamo al Nulla morendo.

Per lei, che lascia l'insegnamento per sperimentare la condizione operaia, e poi diventare attivista partigiana, l'inerzia, la rinuncia, sono già parte del Nulla, del *non essere*.

Molti altri personaggi si cimentano con il concetto del Nulla, ma quasi tutti esprimono, a voler bene interpretare le loro affermazioni, un concetto di Nulla non già come Vuoto, Niente, ma piuttosto come Tutto, come pienezza.

Ci avviciniamo un pochino all'idea che il Nulla non sia niente, ma una sorta di contenitore.

Basilide, maestro religioso greco del II secolo dopo Cristo, getta le fondamenta dello gnosticismo cristiano.

Basilide nasce ad Alessandria d'Egitto in una data non certa del I secolo d.C. È un militare romano venerato come santo dalla Chiesa Cattolica. Si ritiene che abbia scritto svariati testi di commento sui vangeli, oggi perduti.

I sostenitori di Basilide, i basilidiani, formano un movimento che dura per almeno due secoli dopo la sua morte. È però probabile che la scuola si fonda poi con il filone principale dello Gnosticismo nella seconda metà del II secolo.

Interessantissima l'affermazione di Basilide:

il Nulla-Dio creò dal Nulla il Nulla-Mondo.

Perché interessante? A prescindere dal fatto di essere atei o credenti, si può mai esprimere Dio attraverso l'equazione con *Niente*? Se fosse *Niente*, che bisogno si avrebbe di dare un nome al *Niente*?

Giovanni Scoto Eriugena è un monaco, teologo, filosofo e traduttore nato in Irlanda nell'810. Anche Eriugena è coinvolto da Odifreddi nel percorso di quest'ultimo verso l'unificazione dello Zero, del Nulla e del Vuoto.

Eriugena afferma:

il Nulla da cui Dio crea tutte le cose è Dio stesso.

Ma anche in questo caso pare evidente come questo Nulla sia pienezza, sia il Tutto da cui ogni cosa viene tratta. Secondo la religione cristiana Dio crea ogni cosa dal Nulla. Per sant'Agostino d'Ippona

(354-430 d.C.), uno dei cardini della Chiesa Cattolica Romana, la finitezza delle creature è sintomo che anche loro sono tratte dal Nulla. In qualche modo durante l'atto creativo le creature si collocano in uno spazio tra il Nulla e Dio.

Dunque possiamo ancora ipotizzare l'equazione Nulla = Dio?

13 ALLORA DIO TRASSE IL MONDO FUORI DAL NULLA

Il filosofo luterano Jacob Böhme nasce ad Alt Seidenberg, in Sassonia (Germania), nel 1575. È ritenuto uno dei principali esponenti del misticismo cristiano moderno, e viene soprannominato dai suoi contemporanei Philosophus teutonicus.

Böhme prosegue la riflessione sul rapporto tra Nulla e Dio. Si sofferma in particolare sul mistero della creazione.

In accordo con la religione cristiana ci evidenzia che Dio crea l'universo dal Nulla, e che prima della creazione non esiste alcunché, neanche Dio. Ma allora, come si è creato Dio?

In particolare Böhme afferma che:

Il Nulla è Dio, e Dio ha fatto tutte le cose dal Nulla, ed è esso stesso il Nulla.

Ma questo Nulla è un Nulla strano. Non è affatto un "nulla". E allora? Dio stesso è il *vedere e sentire del Nulla...* ed è chiamato "Nulla" (pur essendo Dio) perché è incomprensibile e ineffabile.

Dunque questo Nulla è in realtà una pienezza. Ricorda la concezione che ha il maestro fiorentino Michelangelo Buonarroti quando dice che una scultura è già nel blocco di marmo e che bisogna solo liberarla, estrarla da esso.

Tornando al nostro matematico impertinente Odifreddi (citiamo una sua opera), nel suo intreccio tra Vuoto, Nulla e Zero, scomoda anche la meccanica quantistica, ma ancora una volta quello che lui chiama Zero è il Nulla e quel Nulla che lui percepisce come niente in realtà è il TUTTO.

Abbiamo infatti visto che in meccanica quantistica il Vuoto è una regione dello spazio dove in realtà succedono tante cose.

Si formano coppie di particelle e antiparticelle, di corpi e anticorpi, di una durata inversamente proporzionale alla loro massa. A permettere che dal Nulla eterno si crei la materia è il famoso principio di indeterminazione che lo scienziato tedesco Werner Heisenberg delinea nel 1927.

Heisenberg infatti dice che la natura prende temporaneamente in prestito energia, per periodi di tempo tanto più brevi quanto maggiore è il "capitale" prestato.

Heisenberg in sostanza stabilisce i limiti nella conoscenza, o determinazione, dei valori che grandezze fisiche coniugate, ovvero associate a operatori che non commutano tra loro, assumono contemporaneamente in un sistema fisico. Sembra dunque che per la fisica moderna il Vuoto sia la naturale culla dell'esistenza.

Allora, pur ringraziando Odifreddi per lo studio accurato, ci sentiamo ancora una volta di dire che probabilmente è relativo al NULLA e non allo Zero. Possiamo concedere l'accezione di Nulla come Vuoto, ma finisce lì. Tutt'altra cosa è parlare dello Zero!

14 UN NULLA UN PO' PIÙ CONCRETO

Abbiamo visto lo Zero concepito come Nulla e poi viaggiato velocemente attraverso i tanti modi di avvertire il concetto di Nulla.

Alcuni hanno definito il Nulla come mancanza di qualcosa che esiste e altri invece come qualcosa che non esiste *tout court*, e che nemmeno può essere definito.

Il Nulla concepito come qualcosa che non è, che non ha confini, è un concetto indefinibile e quindi astratto.

Il Nulla come mancanza di qualcosa che riusciamo a immaginare, in qualche modo a "concretizzare", seppure in maniera astratta, ha invece un confine preciso, lo stesso confine di quel qualcosa che conosciamo, e di cui percepiamo la mancanza.

È un po' come premere un oggetto sulla neve, o sulla sabbia, e poi toglierlo.

Ne resta la forma (almeno in parte), ma l'oggetto non c'è. Se ne percepisce la non presenza. Quindi il Nulla come mancanza è più "concreto", se così possiamo dire, che non il Nulla inteso come niente.

Questo concetto ci servirà quando affronteremo i numeri.

Facciamo ora un passo indietro.

Abbiamo visto che nella teoria degli insiemi, in qualche modo si afferma il concetto di Nulla come mancanza, ovvero il Nulla come insieme vuoto, che non contiene nessun elemento.

Abbiamo anche visto che l'assioma dell'insieme vuoto ne postula l'esistenza. Partendo da questo sono costruiti tutti gli insiemi finiti. L'insieme vuoto è chiamato talvolta anche nullo, ma ciò può creare confusione con il concetto di insieme nullo.

Nella teoria della misura, un insieme nullo è un insieme trascurabile ai fini della misura usata.

Allora nella teoria degli insiemi, Nulla non ha un significato tecnico. Può essere detto che un insieme contiene "nulla" se e solo se esso è un insieme vuoto, e in questo caso la sua cardinalità (o più semplicemente la sua dimensione) è Zero. In altre parole, il termine Nulla è un modo informale per indicare un insieme vuoto.

In questo caso stiamo utilizzando il concetto di Zero come mancanza di. Il concetto di insieme vuoto ha sui nostri neuroni un po' l'effetto della forma impressa nella neve. Come potremmo altrimenti concepire, senza rischiare di impazzire, un insieme (che istintivamente ci fa pensare a qualcosa di definito, con dei limiti) che non contiene niente, che è vuoto e che quindi, tecnicamente non ha limiti?

Riassumendo, abbiamo visto lo Zero inteso come concetto. Spesso si dice Zero per esprimere il concetto di Nulla.

Poi abbiamo visto il concetto di Nulla inteso come Vuoto, assenza assoluta, e successivamente come mancanza di qualcosa di cui abbiamo la cognizione. Ovvero il Nulla inteso come mancanza di qualcosa di rilevante, di significativo (altrimenti non ne noteremmo la mancanza). Di conseguenza si indica Nulla per descrivere una cosa, un evento o un oggetto decisamente insignificante.

15 LA VISIONE MATEMATICA

E veniamo ora, finalmente, al concetto di Zero in matematica, alla sua connotazione come numero. Ma è necessario affrontare il pianeta dei numeri in generale prima di arrivare alla definizione di quel particolare, misterioso numero che è lo Zero.

Proprio così, perché dopo tanta strada siamo arrivati in un campo molto, molto interessante. Quello dove lo Zero viene concepito come numero. E se lo Zero è un numero, è un numero davvero particolare. Simboleggia ciò che sta prima dell'Uno, e questo è evidente. Più complicato è capire che lo Zero, oltre a posizionarsi prima del numero 1, in qualche modo lo contiene, infatti 1 elevato allo Zero è uguale a Zero.

Ma lo vediamo meglio fra poco.

Per ora cominciamo ad effettuare un piccolo passo. Cominciamo infatti ad associare lo Zero alla percezione di qualcosa. Lo Zero è qualcosa e non è più il Nulla.

È il principio. Il principio di ogni cosa.

È ciò che è prima di qualcosa che è. Ma lo intendiamo come il *non essere* prima che qualcosa sia, o piuttosto qualcosa che permettere a ciò che poi sarà, di *essere*?

Indica l'inizio dei numeri, indica l'inizio del tempo, indica lo stato inerziale dell'inizio che non ha tempo e non ha spazio, non ha materia né dimensioni, né consistenza, e tuttavia rappresenta la possibilità, e, anzi, la necessità, che ogni cosa sia.

Abbiamo dunque uno Zero più concreto, una posizione iniziale tangibile e misurabile.

Invece il Nulla non identifica proprio… nulla, e soprattutto non ha a che fare con fatti, ma solo con il senso o non senso delle cose, con il loro essere o non essere.

Va bene, allora stiamo affrontando qualcosa di più interessante. Cominciamo a concepire lo Zero non più come il Nulla o come la mancanza di qualcosa, ma come un numero.

Siamo giunti a concepire lo Zero come *qualcosa* e questo è già un buon inizio rispetto a crederlo *nulla*.

Allora, posto che sia qualcosa, ora lo consideriamo un numero.

Ecco, nel passare a una percezione più "concreta" dello Zero, nell'attribuirgli il peso di un numero, l'analisi ci suscita maggiore interesse, sebbene, come vediamo presto, anche questa accezione è neanche lontanamente sufficiente a comprendere, includere, avvolgere, la vera essenza dello ZERO.

Lo Zero viene chiamato in arabo صفر (sifr), in ebraico אפס (éfes), in sanscrito शून्य (śūnya). I greci lo chiamano μηδέν, ma, poveri noi, è ancora inteso come niente, Nulla.

Qui e ora, vogliamo distinguere il concetto di Zero come "assenza di valore", da quello dallo Zero come numero a tutti gli effetti.

Facciamo un esempio pratico parlando di acqua e di temperature.

Prima di far questo ricordiamo che vi sono due scale di temperature. Quella più utilizzata negli Stati uniti è la Fareneith, mentre in Europa si utilizza la scala Celsius. Questa seconda la dobbiamo al fisico svedese Anders Celsius, che nel 1742 presenta una memoria all'Accademia Reale Svedese delle Scienze in cui propone una scala di temperature la cui unità di misura prende il nome di grado Celsius, in suo onore.

Allora, torniamo alla nostra acqua e decidiamo di utilizzare la scala Celsius delle temperature.

Diciamo che se la temperatura è Zero, l'acqua ghiaccia (secondo la gradazione Celsius), se manca il dato della temperatura, ovvero se abbiamo l'assenza del valore, non possiamo dire nulla. Ecco, questo piccolo esempio ci dice l'enorme differenza tra il considerare lo Zero come numero e il considerarlo come mancanza.

Quindi pensare lo Zero come numero, induce a importanti considerazioni. Per poterle comprendere meglio dobbiamo però partire dalla storia dei numeri.

Innanzitutto ci dobbiamo chiedere quando sia nato effettivamente il concetto di numerazione.

Possiamo considerare la storia dei numeri antica quanto la storia dell'uomo.

Tutte le civiltà, anche le più primitive, possiedono in qualche modo il concetto di numero. A suggellare questa affermazione sono stati ritrovati molti reperti archeologici, come per esempio ossa di animali, con diverse tacche. Questo ci racconta che gli uomini primitivi usano incidere segni sugli oggetti, per contare. Contano per esempio i loro animali, o forse le lance che possiedono, o magari le donne, dato che la poligamia viene scelta e accettata in origine per assicurare la conservazione della specie.

Insomma fin dall'inizio dei tempi l'uomo sente la necessità di contare e, inconsciamente, di essere "uno che conta". Però!

Con il diffondersi poi dell'esigenza di contare si diffondono anche vari sistemi di numerazione.

Il più antico? Ce lo racconta, forse, un osso di lupo risalente a circa 30.000 anni fa.

L'osso viene trovato in località Dolní Věstonice, un comune della Repubblica Ceca, facente parte del distretto di Břeclav, nella Moravia meridionale.

Oggi è noto proprio per il sito archeologico dove sono stati rinvenuti diversi reperti pre-neolitici.

L'osso in questione viene trovato per caso nel 1937 e presenta 55 intaccature distribuite a gruppi.

Possiamo dire che si tratta incredibilmente della testimonianza di computo più antica arrivata fino a noi. Ci dice innanzitutto che il proprietario dell'osso lo incide quasi certamente per eseguire un conteggio che effettua raggruppando le incisioni a cinque a cinque. Privilegia il numero 5 (probabilmente perché corrispondente alle dita di una mano), così ottiene un sistema di numerazione a base 5.

Qui però, oltre che di sistemi per contare, stiamo già parlando di numeri e quasi li diamo per scontati.

Ma chi ha inventato i numeri, ovvero quei buffi segni che sostituiscono poi le tacche (sull'osso o su qualunque altro supporto), facilitando computi ancora più importanti?

Facciamo un passo indietro.

Un po' tutti i popoli, in tutte le parti del mondo, sviluppano il concetto di numero.

Infatti analizzando numerosi reperti archeologici appare evidente come l'idea della numerazione, dunque di un sistema che faciliti il computo, venga contemporaneamente a più popoli.

Primi sono gli indiani (dell'India, non d'America).

Gli arabi hanno poi il merito di diffondere i numeri in Occidente grazie alle importantissime opere del matematico Muhammad ibn Musa al-Khwārizmī.

Al-Khwārizmī nasce a Baghdad, nell'allora Persia, nel 780 circa, ed è matematico, astronomo, astrologo.

A Baghdad vive presso la corte del califfo al-Ma'mūn, che lo nomina responsabile della sua biblioteca, la famosa *Bayt al-Hikma*, ovvero Casa della sapienza. Sotto la sua direzione vengono tradotte in arabo molte delle principali opere matematiche del periodo greco-ellenistico, dell'antica Persia, di Babilonia e dell'India.

Dunque abbiamo visto che il concetto di numero nasce e si diffonde per i continenti senza problemi. Ma lo Zero? Lo Zero tarda ad "accendersi" nella mente dei matematici.

Gli antichi egizi sono sicuramente veri maestri di geometria.

Il filosofo greco Plutarco nasce a Cheronea nel 46 d.C. e vive sotto l'Impero Romano per il quale ricopre incarichi amministrativi. Studia ad Atene e viene fortemente influenzato dalla filosofia di Platone.

Scrive accurate biografie dei più noti personaggi dell'antichità. Ci racconta per esempio di Talete, che nasce a Mileto nel 640 a.C., ed è considerato da Aristotele in poi, il primo filosofo della storia del pensiero occidentale. Ci parla anche di Pitagora, filosofo e matematico, che vede i natali a Samo nel 470 a.C. e che viene ricordato come fondatore storico della scuola a lui intitolata e nel cui ambito si sviluppano le sue conoscenze matematiche e le sue applicazioni, tra cui il noto teorema di Pitagora.

Talete e Pitagora, secondo Plutarco, imparano la geometria proprio grazie agli egizi.

Infatti diversi papiri egizi ritrovati, testimoniano conoscenze sicuramente evolute per i tempi. Allora, gli egizi sanno misurare i terreni e ristabilire, grazie ad accurati calcoli, i confini dei campi dopo le inondazioni del Nilo. Conoscono formule per calcolare l'area di figure piane e il volume di solidi come il tronco di piramide. Eppure nei papiri non vi è alcuna traccia dello Zero.

La matematica greca amplia considerevolmente le conoscenze degli egizi con la creazione della logica matematica, ovvero quella parte della matematica che studia i sistemi formali dal punto di vista del modo di codificare i concetti intuitivi della dimostrazione e della computazione, come parte dei fondamenti della matematica.

Questa innovazione in pratica getta le basi di quella che diviene successivamente la matematica moderna, eppure nemmeno qui, all'inizio, si ha traccia del nostro ricercato speciale: lo Zero.

16 SISTEMI DI NUMERAZIONE

Allora, pare che all'inizio della storia dei numeri, del nostro Zero non si senta proprio la mancanza (come numero, ovvio). D'altra parte, per cominciare si usano i sistemi additivi. Si sommano i numeri, magari raggruppandoli per 5 o per 10, e non vi è nessuna esigenza di questo oggetto misterioso.

In matematica, un sistema di numerazione additivo è in pratica un sistema di numerazione basato su una legge additiva applicata a determinati simboli numerici fondamentali.

Ogni numero è poi rappresentato attraverso una successione di questi simboli e il valore del numero è dato dalla somma dei valori attribuiti a ciascuno simbolo. Dunque, in effetti, nei sistemi additivi lo Zero non serve.

Per esempio la numerazione egizia ricorre alla ripetizione di una sequenza di simboli corrispondenti a uno, dieci, cento, mille, diecimila, centomila e un milione.

I segni, cioè i simboli, compaiono in ordine di grandezza decrescente, anche se questo ha più che altro una motivazione grafica, ovvero stilistica.

Nei numerali (numeri cardinali, ordinali, ecc.), le posizioni relative dei simboli non danno nessuna informazione sul numero, perché ogni numero ha un proprio simbolo, o è l'affiancamento di più simboli.

In effetti, se abbiamo un simbolo per ogni numero, non abbiamo la necessità di codificare il valore di un simbolo in base alla sua posizione, e dunque non vi è la necessità di un simbolo per lo Zero. In pratica, se i numeri possono stare in qualsiasi posizione senza modificare la quantità totale che rappresentano, non c'è la possibilità di un posto vuoto e un segno della sua presenza (del posto vuoto) non avrebbe senso.

I Sumeri sono la più antica popolazione stanziale che si conosca. Vivono, anche se in merito vi sono pareri discordi, in Mesopotamia, in particolare nel moderno Iraq, a partire dal 4500 a.C. Bene, questo popolo dal sapere incredibile per i tempi, tenta di ovviare al problema introducendo, per primo, una novità nel sistema di numerazione.

In tutta la civiltà babilonese (cioè tutte le popolazioni che si succedono in Mesopotamia, quindi, oltre ai Sumeri, i Babilonesi, gli Assiri, i Caldei ecc.), si utilizza un particolare sistema di numerazione non puramente decimale, che si serve della base dieci per individuare le grandezze, ma che introduce il numero sessanta come base computazionale. I simboli individuano i numeri uno, dieci, sessanta, seicento, tremilaseicento e trentaseimilaseicento.

Allora, secondo uno schema prestabilito, si crea una notazione moltiplicativa. Ci sono meno simboli da imparare e quelli dei grandi numeri hanno una logica interna che consente di generare numeri maggiori partendo da quelli minori, senza dover inventare nuovi segni. I numeri vengono impressi su tavolette d'argilla con stilo la cui punta riporta un simbolo. Un cambiamento significativo avviene, sempre grazie ai babilonesi, intorno al 2600 a.C., quando inventano uno stilo in grado di produrre linee più sottili e segni a forma di cuneo di differenti dimensioni.

Successivamente, un primo sistema posizionale fa la sua apparizione in Babilonia attorno al 2000 a.C. Questo sistema si limita a estendere la notazione cuneiforme e il vecchio sistema additivo in base sessanta, in modo tale da includere l'informazione posizionale. Il metodo viene usato in particolare dai matematici e dagli astronomi più che dai contabili. Però vista l'efficacia dell'innovazione introdotta, ben presto viene utilizzato anche nella registrazione dei decreti reali.

Nel sistema sessagesimale babilonese (di tutta la civiltà babilonese), la presenza o meno di uno spazio vuoto tra i numeri fa la differenza.

Utilizzando due soli simboli, uno per indicare l'unità e un altro per indicare 10, questi popoli e in primis i Sumeri, sono in grado di scrivere qualunque numero intero e persino i frazionari.

Sembra complicato? No. Facciamo un esempio per dimostrare quanto sia in realtà molto semplice far di conto con i numeri babilonesi. Prendiamo il numero intero sessagesimale 424.000. I Babilonesi lo scrivono come 1,57,46,40. La virgola in questo caso viene usata convenzionalmente solo per separare le cifre sessagesimali.

Questa notazione rappresenta:

$$1(60^3) + 57(60^2) + 46(60^1) + 40 = 424000$$

I Babilonesi usano due soli simboli, per l'unità e per la decina, oltre allo spazio vuoto (Zero). Con soli due simboli possono scrivere tutti i numeri.

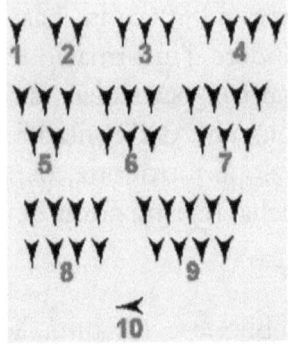

Fonte immagine: Wikipedia

Allora il nostro numero viene scritto così:

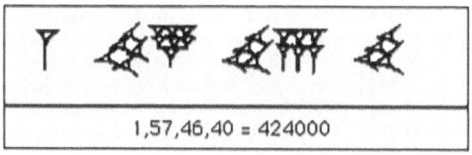

1,57,46,40 = 424000

Fonte immagine: Wikipedia

L'indicazione del numero per cui va moltiplicata ciascuna potenza di 60 è espressa in forma additiva, ovvero ogni numero che costituisce il moltiplicatore di una data potenza di 60 è espresso con la somma delle unità pari al numero voluto. Nell'esempio mostrato il 57 che moltiplica 60^2 è formato da 5 volte il simbolo di 10 e 7 volte il simbolo di 1. Si tratta dunque di un mix tra un sistema moltiplicativo e uno additivo.

17 UN MONDO SENZA ZERO?

Nel sistema di numerazione babilonese per evitare confusione occorre regolarsi bene con gli spazi. Quando gli spazi bianchi (di separazione) sono più di uno, diventa infatti difficile valutare il numero nel suo insieme.

Questa è la ragione per cui, dopo aver operato per 1500 anni senza un simbolo dello Zero, i Babilonesi introducono un segno di separazione.

Il segno di separazione in questione consiste in due cunei sovrapposti, ovvero una doppia cuspide che permette di indicare un posto vuoto nella rappresentazione di un numero.

Questo sistema viene immediatamente adottato nel campo dell'astronomia, scienza che per i Babilonesi ha una grande importanza.

Questo stratagemma getta le basi per la prima rappresentazione simbolica dello Zero nella storia della cultura umana.

Nonostante questa novità, lo Zero dei Babilonesi significa semplicemente uno spazio vuoto. Non viene mai scritto come risultato di una data operazione, né tantomeno (grazie al cielo) viene associato a un concetto metafisico di Nulla.

Insomma, è un *segnaposto*. Risponde sì a esigenze computazionali, ma più pratiche che concettuali.

Dell'antico sistema di numerazione sessagesimale abbiamo un'eredità ancora oggi.

È utilizzato per esempio per le misure del tempo. Se vogliamo indicare 3 h, 40' e 20" possiamo scrivere $3(60^2) + 40(60) + 20 = 13.220$ secondi.

Bene, non stiamo qui a spiegare perché nella cultura babilonese si utilizzasse un sistema di numerazione a base 60. Dovremmo rimandare alla storia sumerica della Creazione che sicuramente in questo contesto ci complicherebbe ulteriormente la strada verso il nostro vero e unico obiettivo.

Torniamo invece ai sistemi di numerazione.

Il sistema di numerazione sicuramente più usato oggi è su base dieci, e questo affatica i neuroni meno di un sistema su base 60.

Il più antico sistema di numerazione posizionale decimale appare alla fine del III secolo a.C., quando i cinesi introducono il valore posizionale nel loro sistema di segni in base dieci. Ma non usano lo Zero.

La posizione in cui si richiede uno Zero viene semplicemente lasciata vuota. Nella pratica i calcoli vengono effettuati con semplici trattini o bastoncini rappresentanti i numeri e disposti su una tavoletta.

Il sistema di numerazione arabo (anche se come abbiamo visto ha origini indiane) è quello più comunemente utilizzato in tutto il mondo. La prima cifra da destra esprime il numero delle unità, la seconda quello delle decine, la terza quello delle centinaia, la quarta quello delle migliaia, e così via.

Per esempio il numero 554 si legge: 5 centinaia, 5 decine, 4 unità. In un sistema di numerazione non posizionale invece per esprimere questi tre valori si usano simboli diversi: per esempio in numeri romani cinquecentocinquantaquattro si scrive DLIV.

I Maya si insediano in Mesoamerica già a partire 1500 secolo a.C.
Anche questo popolo molto evoluto, sviluppa raffinati sistemi computazionali.
Soprattutto nel periodo classico (a partire dal 250 d.C.) i Maya affinano un sistema di numerazione vigesimale (a base venti), posizionale e comprendente l'uso dello Zero.

I numeri vengono rappresentati attraverso tre soli simboli: una conchiglia vuota, un punto, una linea. I simboli rappresentano rispettivamente lo Zero, l'uno e il cinque.

Le cifre vengono ordinate verticalmente.

I primi diciannove numeri sono costruiti con punti e linee secondo uno schema additivo.

Quando si devono scrivere numeri maggiori di 20 si definisce una sorta di torre di simboli, il cui piano terreno indica i multipli di uno, mentre il primo piano contiene multipli di 20 ecc.

Per esempio, per esprimere il numero 69 abbiamo

Mentre una somma viene definita combinando i diversi simboli:

$$\frac{5}{—} + \frac{8}{•••} = \frac{13}{•••} \quad \frac{13}{•••} - \frac{5}{—} = \frac{8}{•••}$$

Se dopo l'addizione abbiamo più di cinque punti, ne rimpiazziamo cinque con una linea.

Se raggiungiamo quattro linee, aggiungiamo un punto nella colonna di grado più alto.

Allora, come abbiamo anticipato, i Maya utilizzano un simbolo per indicare Zero.

La funzione dello Zero è quindi quella di indicare l'assenza di moltiplicatore a uno dei livelli della torre.

Lo Zero viene usato sia in posizione intermedia, sia in posizione finale.

Ecco un esempio. In tabella è mostrato la scrittura di due numeri (si leggono dall'alto verso il basso). Nel numero 560 si usa lo Zero al "piano terra" per indicare che non vi sono unità.

Posizionamento delle cifre nel sistema maya		Esempi di numeri	
—	Cinque	8000 u	—
•••	Tre	400 u •	•••
••	Due	20 u •••	≡
☉	zero	1 u 👁	•_•
		560	41.527

Fonte immagine: Wikipedia

18 IL SISTEMA POSIZIONALE DECIMALE

Nel nostro sistema decimale lo Zero ha una funzione più specifica, dato che aggiungerlo alla destra di un numero comporta sempre la moltiplicazione per il valore della base.

Riassumendo, con l'introduzione dei numeri, i vari popoli pensano anche a come utilizzarli per fare computi in maniera comoda e veloce.

Da qui si sviluppano i sistemi di numerazione. I sistemi di numerazione più frequenti sono quelli a base 10. Probabilmente per il fatto che l'uomo ha 10 dita e quindi gli risulta più facile contare aiutandosi con le mani, anche se alcune popolazioni scelgono la base 5 (specialmente le più primitive, come quella dell'osso di lupo con le 55 intaccature).

Stranamente gli antichi residenti della Francia usano un sistema di numerazione a base 20 (che per contare usassero le dita delle mani e dei piedi?) e ciò è comprovato dal fatto che ancora oggi, in francese il numero 80 si dice *quatre-vingts*, ossia quattro volte venti.

Le civiltà babilonesi, come abbiamo già visto, si servono di un sistema di numerazione a base 60.

Oggi, in informatica usiamo il sistema binario (a base 2), ma vengono utilizzati anche quello ottale (a base 8) e quello esadecimale (a base 16).

Ogni popolo ha poi anche un proprio modo di scrivere graficamente i numeri.

Gli antichi romani scrivono i numeri con le lettere dell'alfabeto. Così abbiamo che I significa 1, mentre X significa 10, L significa 50, C significa 100, D significa 500 e M significa 1000.

Dobbiamo ammetterlo, i geniali e brillanti romani deludono su questa scelta. Il sistema è infatti molto scomodo per poter effettuare le quattro operazioni. Per esempio non è possibile mettere in colonna i numeri per poter effettuare le addizioni o le sottrazioni.

Sta di fatto che i romani, ma anche tante altre popolazioni dell'antichità che usano un sistema di numerazione di questo tipo, per i loro calcoli devono ricorrere all'abaco.

Ad ogni modo il sistema di numerazione dei romani, come pure quello dei greci e degli egiziani, è addizionale. Dove dunque ogni simbolo che viene aggiunto al numero da scrivere rappresenta una somma.

Per esempio, se X rappresenta 10, una doppia di X (ovvero XX) significa 20.

Il sistema di numerazione degli antichi romani comunque non è scomparso del tutto perché viene ancora usato per rappresentare i numeri ordinali (I = primo, II = secondo, III = terzo e così via).

19 LO ZERO DIVENTA NUMERO

Abbiamo faticato un po' a ripercorrere le tappe della storia dei numeri e dei sistemi di numerazione, ma il sistema posizionale ci ha portato di fatto al concetto di Zero come numero, quindi con una vera e propria specificità.

A partire dal VII secolo d.C., tra gli indiani e poi tra gli arabi si sviluppa un metodo per poter scrivere i numeri mediante l'uso di soli 10 simboli dove ciascun simbolo assume un diverso significato a seconda della posizione che prende nella scrittura del numero.

Lo Zero matematico consente poi di introdurre i numeri negativi e anche di dare solide fondamenta all'aritmetica.

Sicuramente un primo studio dello Zero lo si deve al matematico Brahmagupta e risale al 628 d.C..

Brahmagupta gestisce l'osservatorio astronomico di Ujjain, in India, e durante la sua permanenza scrive due importanti opere di matematica e astronomia: il

Brahmasphuta Siddhānta, nel 628, e il *Khandakhadyaka*, nel 665.

Il *Brahmasphuta Siddhānta* costituisce la fonte più antica conosciuta, fatta eccezione per il sistema di numerazione maya, che tratta il nostro Zero come un numero a tutti gli effetti. Va ben oltre. Enuncia le regole dell'aritmetica sui numeri negativi e sullo Zero che sono piuttosto vicine al modo di ragionare odierno.

Nel testo *Brahmasphuta Siddhānta*, l'autore propone difatti un'aritmetica sistematica comprendente lo Zero e i numeri negativi.

Brahmagupta inoltre delinea un sistema numerico composto da nove cifre (da 1 a 9) e da un simbolo, lo Zero. Con questo sistema è possibile scrivere in modo semplice qualsiasi numero.

Solo più tardi la matematica indiana equipara il simbolo dello Zero agli altri nove e inizia a considerare lo Zero come un numero a tutti gli effetti.

Attorno a questo concetto, ovvero del considerare (o meno) lo Zero un numero a tutti gli effetti, si accendono le discussioni che nel tempo portano a concretizzare la specificità di questo numero.

Consideriamo per esempio il matematico indiano Mahavira. Questi nasce a Vaishali nel 599 a.C. ed è senza dubbio uno dei più grandi maestri spirituali indiani, contemporaneo del Budda.

Percepisce il senso di provvisorietà che implica la dottrina del *samsāra* e intraprende la via ascetica.

Dopo molte meditazioni e dolorose mortificazioni corporali giunge infine a formulare una dottrina che permette il superamento del ciclo delle esistenze. Diviene un Jina (vincitore) delle passioni.

Ma in questo contesto per noi è importantissimo perché definisce diverse regole per il calcolo delle quattro operazioni con lo Zero.

20 LE OPERAZIONI CON LO ZERO

Il matematico Mahavira afferma per esempio che:

un numero moltiplicato per Zero, dà Zero, e tale numero resta immutato quando esso viene diviso, aumentato o diminuito di Zero.

Ecco, ora siamo entrati nella gloriosa storia dello Zero-numero.

Però, secondo Mahavira, un numero diviso per Zero resta assolutamente immutato. Evidentemente pensa, per esempio, che se abbiamo da dividere qualcosa tra Zero persone, quel qualcosa non può certo diminuire.

Ma allora, ci risiamo, anche Mahavira ha dello Zero un'idea che è più simile al Nulla che non a un numero a tutti gli effetti.

Dividere 0 per un numero qualsiasi, diverso da Zero, è facile: il risultato è Zero.

Ma il contrario? Cosa avviene se vogliamo dividere un numero per Zero?

Sembra quasi che questa operazione non abbia significato.

Come possiamo dividere un numero per Zero? E ancora, cosa possiamo dire di 0 diviso 0?

Ora non mancherebbero le soluzioni, anzi qualsiasi numero andrebbe bene come risultato. Infatti 0:0 = 7 oppure 9, oppure 20. La controprova è che 7x0=0, ma anche 9x0=0 e 120x0=0 e così con qualunque altro numero.

E dunque qual è il risultato?

Lasciamo per il momento la divisione per Zero nel mucchio dei cold case.

Rivediamo invece come dall'India il "fenomeno" Zero arriva fino in Europa.

Nel 662 a Damasco, capitale del nuovo impero islamico che si va in quel tempo formando, vive il vescovo nestoriano Severo Sabokt.

L'Indo (Padre dei Fiumi) è il più lungo e importante fiume del Pakistan. È anche il più lungo fiume del subcontinente asiatico e il terzo più grande in termini di portata annua.

Severo Sabokt è il primo a riferire che al di là dell'Indo ci sono matematici raffinati che utilizzano un sistema di numerazione posizionale superiore a ogni altro per praticità ed efficacia, che si fonda su nove cifre più il simbolo dello Zero.

Già nel VII secolo, dunque, l'Islam assume e utilizza il sistema di numerazione posizionale indiano, portandolo, per così dire, sulle sponde asiatiche e africane del Mediterraneo.

Ed è proprio a questa numerazione, fondata su nove cifre più lo Zero, cui fa poi riferimento anche il matematico arabo, al-Khwārizmī, autore dell'opera molto nota, Al-jabr, nome che in latino è tradotto con Algebra.

Per quanto interessa noi e la nostra indagine sullo Zero, ricordiamo anche che il matematico delinea per esempio l'operazione per la quale, allorché in uno dei due membri di un'eguaglianza compaia un termine da sottrarsi, esso possa invece venire aggiunto all'altro membro. In buona sostanza prima non si aveva il concetto delle quantità negative.

Al-Khwārizmī ha il merito di illustrare nei dettagli il sistema di numerazione posizionale indiano fondato su sole dieci cifre.

Allora ovunque, al di là e al di qua dell'Indo, lo Zero assume finalmente l'importanza e concretezza di un numero.

Dunque dal VII secolo si hanno reperti in cui vengono scritti tutti i numeri a partire da queste 10 cifre secondo un sistema posizionale dove, appunto, ogni simbolo ha un diverso significato a seconda della posizione che prende nella scrittura del numero.

Questo sistema è quello che utilizziamo ancora ai giorni nostri. Proprio per le sue origini, oltre che decimale posizionale, è detto anche indo-arabico.

Ma come viene chiamato il nostro amato Zero?

Come abbiamo già accennato, gli arabi lo chiamano sifr. I latini traducono questo termine con cephirum, che vuol dire zefiro. Si tratta di una figura della mitologia greca personificazione del vento di ponente.

Il mondo occidentale importa il sistema decimale posizionale dagli arabi a partire dall'anno 1000 e in particolare è a partire dal XIII secolo che si contempla l'esistenza dello Zero.

Prima che venga importato il sistema indo-arabo non si conosce il concetto di Zero e questo implica una visione particolare su molte cose.

Per esempio l'anno di nascita di Cristo non è l'anno Zero, ma l'anno 1, e nel conto degli anni si passa direttamente dall'1 a.C. all'1 d.C.

Si ha riscontro che Gerberto d'Aurillac, che diventa poi papa col nome di Silvestro II, già intorno all'anno 1000 utilizza un abaco basato su un rudimentale sistema posizionale.

Silvestro II nasce ad Aurillac, in Francia, nel 950 circa ed è il 139esimo papa della Chiesa Cattolica, dal 999 alla morte. È anche il primo papa francese. Appassionato studioso, introduce le conoscenze arabe di aritmetica e astronomia in Europa. Infatti Gerberto è autore di diversi trattati di aritmetica e di geometria.

Nonostante l'impegno di Gerberto, bisogna però dire che inizialmente il sistema posizionale decimale non prende molto piede in Occidente. La svolta si ha con il pisano Fibonacci che fa davvero apprezzare e diffondere il sistema indo-arabico.

Leonardo Pisano, detto il Fibonacci, nasce a Pisa nel 1175. È considerato come uno dei più grandi matematici di tutti i tempi. Contribuisce alla rinascita delle scienze esatte dopo la decadenza dell'età Tardo-Antica e del Basso Medioevo.

Leonardo è figlio del mercate Guglielmo dei Bonacci, che fa grandi affari con gli arabi. Sul finire del XII secolo Guglielmo ha il suo centro di attività in Africa settentrionale. E così Leonardo passa diversi anni nella città di Bugia, in Algeria. Qui viene a contatto con la cultura islamica e qui il *"filius Bonacci"* apprende l'arabo e si interessa della matematica comunemente utilizzata a quei tempi.

Si appassiona a tal punto alla materia che inizia a viaggiare egli stesso, per perfezionarne la conoscenza.

Le cronache narrano di suoi viaggi in Cirenaica, regione storico-geografica della Libia orientale, in Egitto, Siria, Asia Minore, Grecia e Provenza.

Fibonacci diventa un grande matematico, capace di brillanti e innovative intuizioni.

Quando rientra in patria, a Pisa, nel 1202 pubblica il testo *Liber Abaci*. Così fa conoscere la numerazione posizionale in Europa.

Prima di lui, gli unici matematici originari delle terre europee sono Archimede di Siracusa, e siamo in epoca ellenistica, nonché i matematici arabi dell'al-Andalus, ovvero la parte della Penisola Iberica e della

Settimania a sud della Gallia, controllata e governata dagli arabi.

Settimania è l'antico nome della regione francese della Linguadoca-Rossiglione.

L'origine onomatopeica risale al periodo romano antico, ovvero quando la Legione VII (in latino Legio Septima) si trova là di guarnigione, fino all'inizio del Medioevo. La Settimania copre all'incirca gli stessi territori della regione che oggi si chiama Linguadoca-Rossiglione, salvo alcune parti del Gard e della Lozère.

Qui vi sono davvero numerosissimi matematici, scienziati e studiosi in genere, che portano l'eredità di saperi antichi, con fruttuosi confronti, verso nuove frontiere della conoscenza.

Questi illustri matematici medioevali sono uomini nati in terre europee ma appartenenti a culture diverse da quella romana, mentre Fibonacci è il primo grande matematico europeo. Grazie a lui anche in Italia ed Europa comincia l'ascesa dello Zero.

Grazie al pisano c'è il connubio fra i procedimenti della geometria greca euclidea (gli Elementi) e gli strumenti matematici di calcolo elaborati dalla scienza araba e alessandrina.

Fibonacci traduce il termine sifr in zephirus. Da questo si ha zevero e quindi Zero. Anche il termine cifra discende da questa stessa parola sifr.

Tanti sono i meriti di Fibonacci, ma purtroppo il pisano non è aggiornato sugli ultimi sviluppi della matematica indiana.

Nel 1228 Leonardo Pisano dice:

Novem figure indorum he sunt 9 8 7 6 5 4 3 2 1
Cum his itaque novem figuris, et cum hoc signo 0, quod arabice zephirum appellatur, scribitur quilibet numerus.

Traduzione in italiano

Per gli indiani 9 sono le cifre: 9 8 7 6 5 4 3 2 1
Con queste nove cifre, e con il segno 0, che è chiamato in arabo zephirum, è possibile scrivere ogni tipo di numero.

È chiaro che studia sui libri di al-Khwārizmī, ma anche che, nonostante i numerosi viaggi alla ricerca di nuove aperture mentali, si ferma a quei testi. Cosicché propone all'Europa un simbolo dello zefiro che sembra più vicino al concetto di Nulla (storia vecchia) che a quello di un numero vero.

Nonostante l'innovazione, forse per non averne compreso appieno le potenzialità, il sistema indo-arabico si diffonde con grande fatica.

Inoltre, per dirla proprio tutta, molti matematici non sentono l'esigenza dello Zero, visto che le quattro operazioni vengono effettuate con l'abaco e non con carta e penna come facciamo noi. Addirittura nel 1280, a Firenze, questo sistema viene vietato dai banchieri, in quanto, ovviamente a loro dire, le cifre possono essere facilmente manomesse e inoltre si pensa anche che questo sistema possa essere usato per trasmettere messaggi segreti. Poiché all'epoca questo sistema è chiamato "cifra", da questo nasce anche l'uso di chiamare "messaggio cifrato" un messaggio scritto con un codice segreto.

Solo nel XVI secolo il sistema indo-arabico viene definitivamente accettato nell'Europa occidentale.

Nel vecchio continente arriviamo relativamente tardi a conoscere tutte le meraviglie del numero Zero.
Prima di noi lo conoscono in Asia e Africa. Persino le civiltà precolombiane in Mesoamerica conoscono il numero Zero.

Va bene, ora che abbiamo visto dove e come venga accolto il concetto di Zero come numero, riprendiamo il discorso delle operazioni (con lo Zero ovviamente) che abbiamo lasciato come *cold case*.

Il matematico Mahavira, come detto, definisce come si comporta lo Zero nelle 4 operazioni, ma la divisione per Zero non ci ha convinto e aspettiamo una qualche illuminazione in merito.

Riassumendo abbiamo

addizione: $x+0 = x$ e $0+x = x$. (Vale a dire, 0 è un elemento neutro relativamente all'addizione).

sottrazione: $x - 0 = x$ e $0 - x = -x$.

moltiplicazione: $x \times 0 = 0$ e $0 \times x = 0$.

divisione: $0/x = 0$, per x diverso da Zero.

E fino a qui va tutto bene.
Ma se in una divisione il nostro Zero si trova al denominatore, ovvero $x/0$, ci si propone davanti un'espressione che non ha alcun risultato poiché 0 non ha un inverso, come conseguenza della regola vista in precedenza.

Se Zero è l'esponente di un numero, abbiamo che $x^0 = 1$, eccetto per il caso di $x = 0$ che può essere lasciato indefinito in alcuni contesti.

Ed ecco poi il fattoriale di Zero:

$0! = 1$

Dove il fattoriale di un numero naturale n, indicato con n!, è il prodotto dei numeri interi positivi minori o uguali a tale numero.

Per esempio il fattoriale di 4 è uguale a
$1 \times 2 \times 3 \times 4$

Per la convenzione del prodotto vuoto si definisce

$0! = 1$

In pratica tutte le operazioni ci convincono fatta
eccezione x/0.

Per avere una qualche delucidazione, e forse
rassicurazione, per capire l'operazione x/0 dobbiamo
aspettare l'introduzione del calcolo infinitesimale.

21 IL CALCOLO INFINITESIMALE

Il grande matematico britannico John Wallis nasce ad Ashford, nel Kent, in un piovoso novembre del 1616. Tra il 1643 e il 1689 è capo crittografo del Parlamento del Regno Unito e successivamente della corte reale.

John Wallis aggiunge un importante tassello alla caratterizzazione dello Zero.

Infatti contribuisce in modo decisivo allo sviluppo del calcolo infinitesimale, ovvero la branca dell'analisi matematica che studia le funzioni tramite le nozioni di continuità e di limite. A Wallis si deve, tra l'altro, anche l'introduzione del simbolo ∞ che denota il concetto matematico di infinito.

Allora, ciò che poco più innanzi non ci ha convinto, ovvero la possibilità che una frazione come

$$x/0$$

possa avere un qualche senso, ora, proprio grazie a Wallis questa frazione ci porta finalmente da qualche parte e precisamente verso l'infinito (matematico).

Infatti, se $0/x = 0$, ora, finalmente sappiamo che anche $x/0$ ha un risultato e questo risultato è *infinito*. Ovvero

$$x/0 = \infty$$

Bene, abbiamo inquadrato lo Zero come numero. Un numero che sta, in un sistema posizionale, prima dell'1.

Ma allora si conta a partire da Zero o a partire da uno???

Gli esseri umani normalmente contano partendo da 1. Abbiamo visto anche che all'epoca dei romani, si passa dall'anno 1 a.C. direttamente all'anno 1 d.C. proprio perché non si concepisce che si possa iniziare a contare da qualcosa di diverso da uno.

Oggi in informatica, lo Zero è diventato una usuale indicazione del punto di inizio.

È fondamentale, lo ricordiamo, distinguere lo Zero dalla lettera 'O'.

Alcuni dispositivi elettronici utilizzano il carattere 0 con una barra rovesciata.

Mentre un'altra convenzione adottata nelle prime stampanti per computer consiste nel lasciare lo Zero intatto, e nell'aggiungere una piccola coda alla lettera O, in modo da farla assomigliare a una lettera Q rovesciata, o una lettera O in corsivo maiuscolo.

Notiamo anche che il carattere utilizzato in alcune targhe automobilistiche europee distingue i due simboli nel modo seguente: lo Zero è disegnato a forma di uovo, mentre la lettera O è più circolare, inoltre lo Zero non viene chiuso nella parte in alto a destra (per esempio, questo avviene nelle targhe tedesche).

Per evitare ambiguità, i tedeschi inoltre utilizzano un font che si chiama *fälschungserschwerende Schrift* (FE Schrift), che significa, grada caso, *scrittura difficile da falsificare*.

I caratteri utilizzati nel Regno Unito non fanno differenza tra Zero e lettera O perché non è possibile che si verifichino ambiguità se viene rispettata la corretta spaziatura nella disposizione dei caratteri.

Nelle targhe automobilistiche italiane, sia quelle vecchie con le sigle delle province, sia quelle attuali in cui si ha una sequenza di 2 lettere + 3 cifre +2 lettere, si risolve il problema eliminando l'uso della O (lettera).

Per non creare confusione in alcuni contesti non vengono utilizzate neppure I, Q ed U.

Sempre per evitare dubbi, in ambiti dove un errore potrebbe essere fatale, lo Zero non viene usato in nessun caso.

Ricordiamo anche che i codici di conferma usati dalla compagnia aerea americana Southwest Airlines ricorrono soltanto le lettere O e I al posto dei numeri 0 e 1.

In pratica, riassumendo, comunemente il simbolo Zero assomiglia a un ovale, mentre la lettera "O" è un tondo vero. Questo concetto, che per ora sembra insignificante, ci avvicinerà più avanti a un nuovo modo di considerare lo Zero.

Ancora una riflessione sullo Zero: se numero lo vogliamo considerare, è un numero pari o un numero dispari?

La risposta è che lo Zero viene considerato un numero pari. Sarebbe banale ricordare che siccome lo Zero viene prima di 1 (uno) ed essendo l'1 un numero dispari, automaticamente lo Zero è da considerarsi pari. Ma i matematici sono andati più in profondità.

Innanzitutto vediamo che l'insieme dei numeri naturali, ovvero l'insieme dei numeri interi non negativi $\{0,1,2,3,4,5\dots\}$ contiene lo Zero. Poi, come abbiamo detto, lo Zero si trova prima dell'1 che è dispari, e quindi lo Zero è da considerarsi positivo.

Inoltre l'insieme dei numeri pari lo si ottiene moltiplicando per due i numeri naturali.

Quindi, dato che i numeri naturali sono
$0,1,2,3,4,5,6,\dots$
l'insieme dei numeri pari è costituito da
$0,2,4,6,8,10,12\dots$
Invece, l'insieme dei numeri dispari è l'insieme complementare dei numeri pari, ovvero
$1,3,5,7,9,11\dots$

22 LO ZERO BISTRATTATO

Ripassiamo un po' di concetti.

Dopo aver imparato a contare, l'uomo ha inventato i numeri e poi conquista il concetto di Zero e lo esprime con un simbolo che assolutamente non lasci fraintendimenti. Lo Zero è ovale e la lettera O è tonda.

Moltiplicando Zero per una qualunque quantità si ottiene Zero, ma dividendo una quantità per Zero, la divisione "porge infinito", mentre "la divisione per infinito porge Zero".

La stretta relazione tra Zero e infinito viene chiarita dal calcolo infinitesimale, che si sviluppa nel XVII secolo grazie a Gottfried Leibnitz e Isaac Newton, ma che deve molto anche all'intuizione di John Wallis.

Gottfried Wilhelm von Leibniz, latinizzato in Leibnitius, nasce a Lipsia, in Germania, nel 1646. È davvero una mente eccelsa. È matematico, ma anche filosofo, scienziato, logico, glottoteta, diplomatico, giurista, storico, e magistrato. A lui si deve il termine *funzione* che usa per individuare le proprietà di una curva, tra cui l'andamento, la pendenza e la perpendicolare in un punto, la corda.

Leibniz riorganizza la matematica del '600 ed è considerato il precursore dell'informatica, della neuroinformatica e del calcolo automatico. Inventa una calcolatrice meccanica detta Macchina di Leibniz. Inoltre alcuni ambiti della sua filosofia aprono numerosi spiragli sulla dimensione dell'inconscio che solo nel XX secolo, con il lavoro di Sigmund Freud, si tenta davvero di esplorare.

L'inglese sir Isaac Newton, classe 1642, è noto soprattutto per il suo apporto alla meccanica classica, ma contribuisce in maniera fondamentale a più di una branca del sapere.

Nel 1687 pubblica i *Philosophiae Naturalis Principia Mathematica*, importante opera nella quale descrive la legge di gravitazione universale.

Contribuisce significativamente alla Rivoluzione scientifica e all'affermazione della teoria eliocentrica.

A Newton e Leibniz, insieme, vengono attribuiti l'introduzione nonché i primi sviluppi del calcolo infinitesimale, in particolare il concetto di integrale, per il quale si usano ancora oggi molte loro notazioni.

Un ulteriore sviluppo del calcolo infinitesimale lo

si ottiene, nel XVIII secolo, con l'introduzione del concetto di limite, che in matematica diventa poi fondamentale per descrivere l'andamento di una funzione all'avvicinarsi del suo argomento a un determinato valore, oppure l'andamento di una data successione al crescere illimitato dell'indice.

Grazie all'introduzione del concetto di limite, le funzioni matematiche *derivate* e *integrali* vengono definite come limiti e non come rapporti o somme di entità infinitesime.

Ecco dunque che il numero Zero comincia ad avere concretezza e a produrre effetti "prodigiosi". Viene ripreso, come abbiamo già detto, in tutti gli ambiti del sapere umano, sia come concetto astratto, sia come numero matematico. In entrambi i casi è ricco, stracolmo di contenuti e sfaccettature diverse. Un caleidoscopio che ritorna emozioni a chi si appresta a scrutarne i contenuti.

Prendiamo per esempio l'Astrattismo, esperienza artistica che nasce nei primi anni del XX secolo, in zone d'Europa lontane tra loro e dove si sviluppa senza intenti comuni.

Con il termine Astrattismo si indicano tutte quelle opere pittoriche e plastiche che si distaccano dalla rappresentazione oggettiva della vita reale.

Il pittore russo Wassily Kandinsky (1866-1944) è

considerato il padre dell'Astrattismo.

Kandinsky ha una concetto ben preciso dello Zero.

Nel libro *Punto Linea Superficie* scrive:

Il punto geometrico è un'entità invisibile. Deve quindi essere definito come un'entità immateriale. Pensato materialmente, il punto equivale a uno Zero.
Ma in questo Zero si nascondono diverse proprietà, che sono "umane".
Noi ci rappresentiamo questo Zero - il punto geometrico - come associato con la massima concisione, cioè con un estremo riserbo, che però parla. In questo modo, nella nostra rappresentazione, il punto geometrico è il più alto e assolutamente l'unico legame tra silenzio e parola.
E perciò il punto geometrico ha trovato la sua forma materiale, in primo luogo, nella scrittura. Esso appartiene al linguaggio e significa silenzio.

Allora, se il punto è il Nulla geometrico, un punto mancante è un buco a Zero dimensioni.

Così abbiamo una doppia immagine del Nulla.

E a questo punto le due strade dello Zero-concetto e dello Zero-numero di intersecano.

È necessario però evidenziare qui la differenza concettuale fra lo Zero operatore e lo Zero mediale. Il primo è quello che aggiunto tante volte a una cifra serve a indicare che essa assume un valore tante volte più grande, secondo la base scelta (10 nel nostro sistema numerico).

Uno Zero aggiunto a destra al numero 23 indica 230, vale a dire un numero che è dieci volte più grande di 23. In tale accezione operativa, lo Zero non esprime certo la nozione di Nulla.

Per quanto riguarda lo Zero mediale, esso riflette un'assenza. Se prendiamo per esempio il numero 203, qui lo Zero indica l'assenza delle decine (203 = 2 centinaia, 0 decine e 3 unità).

Questa è la fondamentale differenza concettuale tra le posizioni dello Zero. Lo Zero posto a destra del numero moltiplica il numero per la base, posto in posizione intermedia indica un'assenza, un vuoto.

Se qui lo Zero indica l'assenza delle decine, allora la radice dell'identificazione dello Zero con il Nulla non sta di certo nell'uso dello Zero operatore (lo Zero a destra), semmai nel concetto di Zero mediale.

Diciamo pure che al massimo possiamo capire (non accettare) l'interpretazione dello Zero come Vuoto, ovvero come mancanza di qualcosa, e questo è lo Zero mediale, che comunque è ben diverso dal concetto di mancanza in assoluto. Qui si riferisce alla mancanza "concreta" di qualcosa.

Anche lo Zero operatore è abbastanza bistrattato.

Come abbiamo già visto in precedenza, molti lo considerano senza valore di per sé.

Secondo il dizionario della lingua italiana del Petrocchi *"lo Zero da sé solo non vale Nulla, ma alla dritta delle altre cifre le moltiplica per dieci"*. Nel dizionario

Molinier della lingua spagnola, si menziona la locuzione "Zero a sinistra" (ancor oggi in uso in Spagna) per indicare qualcosa che non ha valore e che non merita alcuna considerazione.

Anche Il Littré, dizionario della lingua francese definisce lo Zero come *una chiffre qui de lui-même ne marque aucun nombre, mais qui, étant mis à la droite des autres, indique qu'ils prennent une valeur dix fois plus forte*. Ovvero una cifra che in sé non segna alcun numero, ma che, se posta alla destra degli altri (numeri), indica che assumono un valore dieci volte superiore.

Eccoci ancora a sottolineare come il povero Zero venga considerato Nulla.

Citiamo ancora un caso.

Giulio Raimondo Mazzarino nasce a Pescina, nel Centro Italia, nel 1602. Diventa cardinale, politico e diplomatico. È attivo soprattutto in Francia, dove serve come Principale Ministro sotto il regno di Luigi XIV, succedendo al cardinale Richelieu.

Tra Mazzarino e Anna d'Austria, regina di Francia, moglie di Luigi XIII, nasce un'intensa storia d'amore e molti sostengono che sia lui il padre biologico di Luigi XIV, il re Sole.

Più o meno nello stesso periodo, per la precisione a partire dal 1648, in Francia prende il via la *Fronda Parlamentare*, movimento di rivolta e opposizione del Parlamento di Parigi contro Mazzarino e quindi anche contro Anna d'Austria, reggente in nome del figlio Luigi XIV.

La Fronda Parlamentare nei primi anni di vita è parte di un movimento più ampio, la *Fronda*, che non tollera la tendenza assolutista dei re di Francia.

Anche il vescovo ausiliario di Parigi, Paul de Godi, che viene poi meglio conosciuto come cardinale di Retz, è un attivista della *Fronda Parlamentare* e combatte contro la regalità depositaria di privilegi.

Insomma, la lotta vede gli sforzi affiancati di clero, nobiltà e borghesia, senza che alcuno abbia da ridire, fino a quando si aggrega Armand di Borbone.

Ecco perché abbiamo fatto tutta questa premessa. Armand, è principe di Conti e inizia il ramo collaterale dei Borbone-Conti, distinto da quello dei Borbone-Condé.

È il secondo figlio maschio del principe Enrico II di Borbone-Condé e di Carlotta Margherita di Montmorency.

In pratica è il primo principe di Borbone-Conti, titolo istituito appositamente per lui nello stesso suo anno di nascita. Ha come padrino di battesimo il cardinale Richelieu e come madrina la duchessa di Montmorency. Suo fratello maggiore è Luigi II di Borbone-Condé, detto il Gran Condé.

Armand di Borbone non brilla per intelligenza, e il de Godi dice di lui: *è uno Zero che si moltiplica solo perché è principe di sangue.*

Anche nel Seicento e anche in importanti ambiti di rivolta, si ricorre dunque al nostro Zero per indicare qualcuno che non vale niente. Una insana abitudine trasversale a ceto sociale e livello culturale.

Dunque senza soluzione di continuità, si ricorre allo Zero in maniera non consona.

23 EBRAISMO RABBINICO E CABALA

Lasciamo la nobiltà parigina per spostarci nel mondo affascinante dell'ebraismo rabbinico, e qui, meglio prepararsi, le interpretazioni dello Zero potrebbero sorprenderci.

La Cabala ebraica, detta anche cabbala, qabbaláh o kabbalah, è l'insieme degli insegnamenti esoterici e mistici propri dell'ebraismo rabbinico, già diffusi a partire dal XII-XIII secolo.

L'*Albero della Vita* rappresenta simbolicamente, nella Cabala, le leggi dell'Universo. La sua descrizione è dunque considerata come quella della cosmogonia della mistica cabalistica.

Al vertice dell'*Albero della Vita* viene posta una corona (un cerchio), a rappresentare il punto dove l'influsso divino si manifesta sorgendo dal niente.

Uno dei più importanti teorici della Cabala è considerato Azriel ben Menahem.

Ben Menahem nasce a Gerona, in Catalogna, nel 1160. È filosofo, mistico e di fede ebraica. Il suo insegnamento si distingue da quello degli altri mistici ebrei per alcune peculiarità. In particolare rifiuta la teoria di una *creatio ex nihilo* (dal Nulla).

Secondo Azriel, la volontà originaria di Dio deve essere intesa come il Nulla. La creazione è originata allora da un movimento che trasforma continuamente l'infinito nel Vuoto, un abisso infinito entro Dio stesso. Altri cabalisti non vogliono accettare l'idea di coesistenza fra infinito e Nulla e concepiscono il Nulla come un'entità creata.

Complicato? Abbastanza. Ma la conclusione di tutte queste disquisizioni è che comunque si affronti il concetto di Zero, arrivandovi per la via della matematica, della filosofia, dell'arte o da qualunque altra strada, questi divide gli animi. Ma la dinamicità dello Zero, il suo movimento, capace di generare altro movimento, movimento delle folle e delle culture, che divide o unisce, fa parte del suo mistero e del suo fascino.

L'unico punto su cui ci sentiamo di essere saldamente arroccati, fermamente convinti, non come atto di fede ma come certezza, è che lo Zero non sia NULLA.

24 LA PIENEZZA DELLO ZERO

Fino a qui ci siamo soffermati a considerare lo Zero come Nulla, Niente, Vuoto assoluto, interpretato e utilizzato in svariati ambiti scientifici e culturali.

Ora però siamo più sereni. Abbiamo fatto la nostra scelta: lo Zero NON è Nulla. E con questa nuova considerazione dello Zero, ripercorriamo la stessa strada, questa volta interpretandolo come universo, come pienezza del Tutto.

Partiamo da Giotto. Sì, vogliamo scomodare proprio il grande pittore, scultore e architetto fiorentino nato nel 1267, più o meno, dato che non si hanno reperti esattamente attendibili.

Giotto, o meglio Giotto di Bondone, anticipa la cosiddetta arte del Rinascimento che si sviluppa successivamente a Firenze, a partire dal 1400, e che è foriera di innovazioni che si radicalizzano nei vari ambiti artistici.

Nel campo delle arti figurative le intuizioni di artisti italiani come Giotto e Ambrogio Lorenzetti, o quelle dei miniatori francesi, vengono approfondite con concetti di estremo rigore, fino ad arrivare a produrre risultati rivoluzionari che costituiscono gli elementi del nuovo stile che da Firenze si diffonde nel resto d'Italia e poi in Europa, fino ai primi decenni del XVI secolo, periodo in cui ha luogo il Rinascimento maturo con le esperienze di Leonardo da Vinci, Michelangelo e Raffaello.

Giotto, lavora in un periodo in cui è possibile liberare la creatività dalle restrizioni del Medioevo.

È un visionario Giotto, ma altrettanto visionario è un papa: papa Bonifacio VIII.

Benedetto Caetani nasce ad Anagni nel Lazio, nel 1230. Nel 1294 diventa il 193esimo papa della Chiesa Cattolica romana con il nome di Bonifacio VIII. Discendente di un ramo dell'importante famiglia pisana Caetani, acquisisce ulteriori ricchezze e grandi latifondi sfruttando la sua carica pontificia. Si oppone fortemente alla transizione degli stati europei da monarchie feudali a stati nazionali, e si oppone anche ai movimenti politici contro il potere temporale della Chiesa.

È uno dei pontefici più controversi e discussi del Medioevo, sia durante il suo pontificato, sia nei secoli successivi.

Bene, ma cosa lega Giotto, Bonifacio VIII e lo Zero?

In occasione del giubileo del 1300 Bonifacio VIII

bandisce una sorta di concorso, per scegliere il pittore a cui commissionare tutta una serie di dipinti.

Un messo viene incaricato di raccogliere le opere da portare al papa come esempio dell'arte di ciascun aspirante. Tra i tanti artisti prestigiosi del tempo, si propone anche Giotto, che ha soli 33 anni, anno più, anno meno, e che non ha ancora acquisito grandissima fama. Il messo gli chiede che cosa avesse da consegnare, quale fosse il dipinto realizzato per dimostrare al papa le caratteristiche della sua arte e la sua bravura di pittore.

Stando ai racconti di Giorgio Vasari, illustre pittore, architetto e storico dell'arte, il giovane Giotto non ha nulla da consegnare al messo (nel senso di nessuna opera), ma seduta stante intinge un pennello nel colore rosso e disegna un cerchio perfetto con un unico tratto. Poi Giotto dice al messaggero che il valore di quel disegno sarebbe stato riconosciuto dal papa. Infatti quando il papa vede il cerchio, capisce subito che Giotto supera tutti gli altri pittori di quel periodo.

La storia diventa talmente famosa, che ancora oggi la si cita quando si parla di Giotto.

E qui casca l'asino, o meglio il cerchio!

Giorgio Vasari nasce ad Arezzo il 30 luglio 1511. La sua formazione artistica è composita, basata sul primo manierismo, su Michelangelo, su Raffaello e sulla cultura veneta. Come architetto è figura chiave delle iniziative promosse da Cosimo I de' Medici, contribuendo, grazie anche alla protezione di Sforza Almeni, a grandi cantieri a Firenze e in Toscana. Tra questi spiccano la costruzione degli Uffizi, a Firenze, e la ristrutturazione di Palazzo Vecchio, sempre a Firenze. Bene, un curriculum di altissimo spessore. Ma attenzione, dobbiamo guardare le date. Vasari nasce almeno 200 anni dopo Giotto.

Dunque, possiamo essere certi che la storia del cerchio di Giotto sia vera? O quantomeno, che sia stata interpretata nella maniera corretta?

L'esimio Vasari si comporta come molti critici d'arte, presenti, passati e probabilmente anche futuri. Ha la presunzione, giocando sul fatto che difficilmente alcune affermazioni possano essere smentite, di conoscere di ogni opera non solo la mano dell'autore, ma anche lo stato d'animo dell'artista mentre la realizzava, gli intimi segreti del suo spirito in quel processo di creazione che, concretizzato, arriva poi nelle sue mani di giudice perentorio.

Ma Giotto, di fronte al messo papale, su un foglio di pergamena, traccia un grande ovale. Un ovale, sì, non un cerchio!

Allora, con quanto fino a qui detto, e notando che graficamente lo Zero assomiglia a un ovale (anche per distinguerlo dalla lettera O), possiamo affermare che Giotto, secondo noi, disegna volutamente un ovale (a rappresentazione di uno Zero) e non un cerchio.

Intende con questo esprimere le mille, infinite sfaccettature che un universo può contenere?

Probabile!

Non una lettera O, come sostengono molti, in primis il Vasari, ma decisamente un ovale. Forse per esprimere la pienezza dello Zero?

Molto, molto probabile!

Volutamente sceglie un simbolo che racchiude in sé il Tutto e non una semplice lettera dell'alfabeto.

Innanzitutto l'ovale è molto più difficile da tracciare a mano libera. Il concetto comunque che esprime è quello dello Zero, che non è Niente, non è affatto Nulla. Lo Zero allora è un insieme complesso di idee, concetti, abilità.

Con un tratto grafico (in questo caso pittorico) Giotto esprime non solo la sua abilità tecnica, ma anche la profondità dei suoi pensieri, lo spessore della sua anima. I colori del suo spirito.

E il papa visionario tutto questo lo coglie. Tutto questo universo lo vede, in quel segno. Più che a mandargli un'intera pinacoteca e volumi e volumi atti ad esprimere la sua personalità.

In quel segno, che par niente e invece è Tutto, vede l'universo-mondo di Giotto, la sua meraviglia, mistero, originalità. Gli assegna la commessa.

Insomma, abbiamo visto che lo Zero è un ovale e non un tondo. Ovale… da uovo. Questo piccolo passo ci porta a un nuovo mondo, un modo diverso di concepire lo Zero.

25 L'UOVO PRIMORDIALE

Ma che cos'è questo Zero che assomiglia a un uovo? Può essere niente (qualcosa di poco conto), se lo stesso concetto ricorre in tutte le antiche civiltà?

L'*uovo cosmico* è l'espressione della fecondità, è ciò da cui tutto ha origine. Racchiude, come vediamo qui di seguito, un significato molto profondo, che pare accompagnare l'uomo fin dall'origine dei tempi.

L'*uovo cosmico*, o *uovo del mondo*, è un archetipo cosmologico.

È il modello originario. Archetipo infatti deriva dal greco *arché*, origine, e *typos*, modello.

Si contrappone a stereotipo, dal greco *stereos*, che significa copia, riproduzione.

L'archetipo è il principio primo, universale, completo e perfetto, di cui gli stereotipi sono una parziale imitazione. Si distingue anche dal prototipo, che è semplicemente il primo elemento (realizzato seguendo un archetipo, o un progetto) di una serie di riproduzioni.

Il concetto di uovo cosmico lo si trova già nei Sumeri. O, per dirla meglio, i Sumeri già nel 2000 a.C. ne conoscono la struttura concettuale, ma non hanno un simbolo per esprimerlo.

Il concetto di uomo cosmico dalla Mesopotamia si diffonde poi in India. Lo vediamo apparire infatti nella religione Induista.

Non è finita. Nel VI a.C. in Grecia si diffonde l'orfismo, un grande fenomeno religioso di carattere mistico.

Il VI secolo a.C. è un secolo molto importante nella storia delle religioni a livello mondiale. Porta un'ondata di personaggi illustri che in qualche modo risvegliano le coscienze in luoghi svariati e lontani tra loro: Confucio e Lao-tse in Cina, Budda in India, Ezechiele tra gli Israeliti, Zarathustra in Iran, Pitagora tra gli Elleni.

Per gli orfici, l'uovo primordiale è all'origine della vita, ne è la pienezza stessa.

Nell'orfismo l'uovo cosmico è d'argento.

Dall'uovo cosmico, deposto dalla Notte, divinità ancestrale, e fecondato da un soffio di vento del Nord, nasce Eros.

Grazie all'orfismo il concetto di uovo primordiale arriva poi nell'Egitto tolemaico e nell'antica Grecia, fino ad arrivare ai Pelasgi, un popolo antichissimo, antenato di tutti i popoli indoeuropei.

Il pelagianesimo è una corrente cristiana. Crede

che il peccato originale non abbia macchiato la natura umana e che la volontà dell'essere umano da sola sia in grado di scegliere e attuare sempre il bene, senza necessità della grazia divina.

Le teorie pelagiane vengono combattute da S. Agostino e definitivamente condannate dalla Chiesa Cattolica come eretiche nel Concilio di Efeso del 431.

Nel mito dei Pelasgi la Dea Eurinome, emersa dal Caos, depone l'uovo primordiale.

È strano e particolare il percorso del concetto dell'uovo primordiale. Non ricorda forse il percorso del nostro Zero?

Il concetto di uovo primordiale è presente nelle religioni orientali, occidentali e africane, in Cina, e nelle regioni europee celtiche.

Nell'Induismo, per esempio, l'uovo cosmico è detto *Hiranyagarbha*. Viene descritto nei libri del *Bhagavadgītā*, o *Canto del Divino*. Questi libri sono costituiti da circa 700 versi divisi in 18 canti, e fanno parte del grande poema epico *Mahābhārata*, nella versione detta *vulgata*.

Il *Bhagavadgītā* ha valore di testo sacro, e per gli induisti è tra i testi più prestigiosi, diffusi e amati.

L'uovo cosmico esprime l'idea di un nucleo universale immerso nell'oscurità e dal quale il Signore Brahma lo rende manifesto.

Il processo avviene per mezzo dell'*Aum*, una sillaba che permette l'emissione respiratoria e che nell'induismo rappresenta il soffio vitale originale.

Da questa creazione per gli induisti si sviluppa

l'universo, fino ad arrivare poi alla sua conclusione nel massimo degrado. Poi si ricomincia da capo in una serie di cicli, chiamati *kalpa*.

Il mitraismo o mithraismo è un'antica religione greco-romana, basata sul culto di un Dio chiamato Meithras che solo apparentemente deriva dal Dio persiano Mitra e da altre divinità dello zoroastrismo.

Il Dio è spesso rappresentato mentre compare dall'interno di un uovo d'oro.

Nella religione taoista cinese, l'uovo cosmico è descritto nel mito di Pangu, il creatore del mondo.

Per i celti l'uovo cosmico si chiama *Glain*.

Per i Bambara, etnia originaria del Mali, all'inizio vi è un uovo vuoto che si riempie e si sviluppa grazie al soffio creativo dello Spirito.

Nel mito polinesiano *Vari-Ma-Tetakere* vive in una noce di cocco cosmica.

Nell'antica religione egizia, è la Fenice a deporre l'uovo, dal quale rinasce ciclicamente. La Fenice è dotata di alito vitale dal quale nasce il Dio dell'aria Shu. Vicina alla propria morte, la Fenice costruisce un nido a forma di uovo e lì brucia completamente, ma da questa combustione si genera un uovo, che il Sole fa germogliare.

Nell'arte cristiana, un uovo posto in mano alla Madonna o a Maria Maddalena assume poi aspetti simbolici del tutto particolari che poi sicuramente confluiscono simbolicamente in tutta la tradizione associata alla festa della Pasqua. Nell'Alchimia, l'*uovo dei filosofi*, è il ricettacolo di quella trasformazione interiore, da materia grezza a oro filosofale. La cosiddetta Grande Opera.

E ancora non è finita.

Mircea Eliade nasce a Bucarest nel 1907. È uno dei più grandi storici mondiali delle religioni, nonché scrittore, filosofo, orientalista, mitografo, saggista e accademico. Parla otto lingue e legge direttamente i testi sacri nelle versioni originali. Nei suoi 79 anni di vita analizza molto i tratti comuni delle varie religioni. Per Eliade l'uovo cosmico rappresenta la ripetizione della nascita esemplare del Cosmo, l'imitazione della cosmogonia.

È evidente come il concetto dell'uovo cosmico sia stranamente comune a tutte le antiche civiltà, anche geograficamente lontane tra loro e senza possibilità di trasmettersi informazioni.

L'uovo cosmico, dal quale tutto ha inizio, lo si trova in Polinesia, India, Indonesia, Iran, alla Grecia, l'antica Fenicia, in Lettonia, Estonia, Finlandia, Svezia, Russia, Africa occidentale, America centrale e America del Sud.

Anche in tempi più recenti si considera un'origine comune per la nascita di tutte le cose.

Partendo dalle equazioni della Relatività Generale di Albert Einstein, inserendovi opportune ipotesi semplificative, in particolare quella di omogeneità e isotropia dell'universo, nel XIX secolo si afferma la teoria del Big Bang, un modello cosmologico basato sull'idea che l'universo inizi ad espandersi a velocità elevatissima in un tempo finito nel passato, a partire da una condizione di volume ridottissimo e temperatura e densità estreme.

Il processo di espansione continua tuttora. Con i progressi della scienza accade qualcosa di curioso.

Infatti, a partire dagli anni '30 del XIX secolo, gli astrofisici cominciano a disquisire di un nucleo primordiale preesistente, sconosciuto e inconoscibile. È da questo nucleo che si sviluppa l'universo per mezzo del Big Bang. Da qui in poi diventa conoscibile, perché emettitore di luce.

In pratica gli scienziati integrano l'osservazione di Edwin Hubble, grandissimo astronomo e astrofisico statunitense, di un universo in espansione.

Un altro importante contributo alla teoria che tutto abbia un'origine comune e primordiale ci viene poi da Schrödinger.

Erwin Schrödinger nasce a Vienna nel 1887.

Fino alla sua morte, nel 1961, regala contributi importantissimi alla fisica, ma anche alla matematica e alla meccanica quantistica.

L'*equazione di Schrödinger* è fondamentale.

Determina l'evoluzione temporale dello stato di un sistema. Per esempio di una particella, di un atomo oppure di una molecola. Tanto importante da valergli il premio Nobel per la Fisica nel 1933.

Schrödinger è appassionato di *Vedanta*, parte della letteratura vedica tradizionale, e definisce i suoi studi ispirandosi anche alla filosofia cosmologica indiana. Secondo la cosmologia moderna, 3,7 miliardi di anni fa, o ancora prima, l'intera massa dell'universo è compressa in un volume di circa trenta volte la dimensione del nostro Sole. In pratica abbiamo una sorta di uovo primordiale, un nucleo formato, secondo l'astrofisico italiano Vittorio Castellani, da un brodo di quark, leptoni e fotoni. Da qui parte l''esistenza' dell'universo.

26 LO ZERO NELLE ARTI MANTICHE

A suffragare ulteriormente l'idea che lo Zero sia un pieno, un contenitore colmo di significato, e non un vuoto, ci vengono in supporto le arti mantiche.

Fin dai tempi dei tempi l'uomo cerca di avere risposte su ciò che non conosce. Cerca di sconfiggere l'ignoto per trarne vantaggio. Nasce l'arte mantica, ovvero la capacità (presunta) di ottenere informazioni da fonti soprannaturali e ritenute inaccessibili ai più.

L'arte della divinazione si esprime molto spesso attraverso rituali, e può basarsi sull'interpretazione di segni, eventi, simboli o presagi, come anche può manifestarsi attraverso rivelazioni.

Ancora oggi si cerca di "interpretare" qualunque cosa. Qualunque cosa possa, in buona fede o meno, darci conoscenza.

E allora, se qui siamo a celebrare il nostro Zero, come non ricordare anche la sua valenza mantica?

Consideriamo, tra i vari strumenti di divinazione, i tarocchi. Sono in pratica un mazzo di carte da gioco, in cui è presente il numero Zero spesso associato alla figura di un matto, o un giullare.

I primi tarocchi nascono probabilmente in Italia settentrionale, a Ferrara, nel periodo compreso tra la fine del Medioevo e il Rinascimento, anche se a fine Settecento il francese Antoine Court de Gébelin promuove una tesi che fa risalire le origini dei tarocchi addirittura agli antichi egizi. Court de Gébelin, nizzardo, classe 1724, è letterato, esoterista e persino massone. Abbandona il ministero di pastore protestante per dedicarsi ai suoi studi, che contemplano anche alcuni dei principali filoni esoterici dell'epoca, partendo dai Rosa Croce fino all'ermetismo, dalle teorie del mistico svedese Emanuel Swedenborg, alla massoneria esoterica, senza tralasciare, naturalmente, la Cabala. È autore di una poderosa opera in volumi nella quale sostiene che l'umanità abbia vissuto una perduta età dell'oro, prima di frammentarsi in più civiltà disperdendo e dimenticando l'antica sapienza.

È anche convinto che i tarocchi nascano dalla volontà degli antichi sacerdoti egizi come strumenti per nascondervi la propria sapienza. Con questo dà inizio alla tradizione esoterica che li considera una fonte di conoscenza arcana.

Così, grazie a Court de Gébelin, comunque grazie al suo apporto, i tarocchi, che inizialmente vengono creati solo come carte da gioco, a partire dal XVIII secolo, soprattutto in Francia, cominciano ad essere usati a scopo divinatorio.

Nel corso dei secoli nascono diversi mazzi di tarocchi. È frequente, per esempio, che la nobiltà commissioni un proprio mazzo di tarocchi che in qualche modo esprima le particolarità del casato.

Pur avendo diverse caratterizzazioni artistiche, i mazzi hanno sempre in comune alcuni principi basilari.

Tutti sono formati da 78 carte. Il gruppo degli arcani maggiori (che sono più densi di significato dal punto di vista mantico) è costituito da 22 carte illustrate con figure umane, di animali, o mitologiche. Il gruppo degli arcani minori è formato da 56 carte suddivise nelle 4 serie di semi della tradizione italiana: denari, coppe, spade e bastoni.

Ecco arriviamo al nostro Zero.

Le carte degli arcani maggiori sono numerate da 1 a 21. In più c'è il Matto (o Folle), che rappresenta l'arcano Zero e che ha un ruolo particolare.

Il Folle è raffigurato in genere come un uomo vestito di cenci. In alcuni tarocchi ha i piedi nudi, in altri indossa calzari e porta un fagotto legato a un bastone che appoggia sulla spalla. Cosa contiene il fagotto? Tutto il suo mondo. Il mondo materiale, certo, ma anche i suoi pensieri, i sogni, le ambizioni.

I mazzi Visconti-Sforza sono tarocchi risalenti al XV secolo che danno origine, con ogni probabilità, ai mazzi classici, e in particolare alla variante marsigliese dalla quale deriva gran parte dei tarocchi moderni.

Sono di interesse sia storico, sia artistico, per la bellezza delle loro illustrazioni realizzate con materiali preziosi e che, in alcuni casi, si ritiene ritraggano membri delle famiglie Visconti e Sforza. Secondo Stuart Kaplan, studioso e collezionista di tarocchi, esistono circa 15 mazzi diversi del gruppo Visconti-Sforza.

Nei mazzi Visconti-Sforza, il Folle dell'arcano Zero è raffigurato con alcune piume infilate nei capelli. Alcuni sostengono che l'immagine sia ispirata alla *Stultitia* di Giotto, un affresco databile al 1306 circa e facente parte del ciclo della Cappella degli Scrovegni a Padova, in Italia. La Stoltezza, che viene dipinta e riscoperta solo nel 1881, mostra una figura maschile di profilo. È addobbata da giullare, col capo ricoperto di piume, un gonnellino con strascico, una treccia in vita a cui sono appese due sfere. Sull'altro lato fa coppia con la *Prudenza*, ovvero la virtù di chi invece pondera attentamente le sue scelte.

Nei tarocchi marsigliesi il Folle, il nostro Zero, è raffigurato di sovente con abiti da giullare. Questa rappresentazione è ripresa anche in altri mazzi e sicuramente influenza anche la rappresentazione della carta del Jolly, che nei giochi italiani di carte ha un significato analogo a quello del Matto o, meglio, della Matta. Dunque rappresenta una carta per così dire di peso e non certo una scartina senza valore.

Sul finire dell'Ottocento, Aleister Crowley, non si astiene dal realizzare un proprio mazzo di tarocchi che pur contenendo il Folle, ha declinazioni oscure.

Crowley nasce nel 1875 a Leamington Spa, ridente

cittadina inglese. È un controverso esoterista, artista, scrittore e alpinista. Da alcuni considerato il fondatore del moderno occultismo e da altri come una fonte di ispirazione per il satanismo. È anche considerato una figura chiave nella storia dei nuovi movimenti magici. A Crowley è attribuito un grande impegno per creare una religione magica per l'epoca contemporanea.

La sua influenza sull'ambiente magico del tempo è fondamentale.

27 LO ZERO DIVENTA TRASCENDENTE

Nei tarocchi di Crowley, il Matto, ovvero lo Zero, viene simboleggiato dal Dio greco Dioniso.

Questo Dio rappresenta in particolare la natura profonda dell'uomo, la sua parte primordiale, animale, selvaggia, istintiva, che resta presente anche nell'uomo più civilizzato. Come parte originaria insopprimibile, può emergere ed esplodere in maniera violenta se viene repressa invece di essere compresa e incanalata correttamente. Dioniso viene spesso rappresentato su un carro di trionfo assieme alla sua compagna Arianna. Le sue sacerdotesse sono le *menadi*, o *baccanti*, donne in preda alla frenesia estatica e invasate dal Dio. Quale divinità della forza vitale, dell'impulso, dell'ebbrezza e dell'estasi, Dioniso diventa oggetto dell'analisi di Friedrich Nietzsche che contrappone lo spirito dionisiaco allo spirito apollineo (da Apollo) che indica la ragione e l'equilibrio.

Dioniso per i Romani è Bacco. Ora se è vero che il pensiero di Bacco ci fa associare automaticamente l'ebbrezza dei sensi e dello spirito, è anche vero che proprio i romani usano il detto *"In vino veritas"* che significa *"nel vino è la verità"*.

Il significato di questo proverbio è che quando una persona è sotto gli influssi del vino, dell'alcol, non ha freni inibitori e può facilmente rivelare fatti e pensieri veritieri che da sobrio probabilmente non rivelerebbe.

Vediamo allora che il Matto, il Folle, comunque l'arcano Zero, è sicuramente quello più interessante, che concede rivelazioni senza filtri.

Riassumiamo il senso dello Zero mantico. Mentre in origine questa carta rappresenta la stoltezza, quindi con un'accezione più povera, in seguito viene a rappresentare la follia e la carta comincia ad essere chiamata, nei tarocchi, il Matto, in analogia alla *matta* di altri mazzi di carte tradizionali, che equivale anche al re di denari e al jolly.

Dunque una carta importante. Quella più ambita, quella che racchiude in sé più possibilità.

Come simbolo esoterico, la follia pura è ciò che permette di affacciarsi alla vita di nuovo per ricrearla da principio.

Questo concetto parte proprio dal considerare la pienezza dello Zero. Abbiamo imparato, affrontando lo Zero nei numeri, che lo 0 ha il significato del *moltiplicatore universale*. Ogni numero, moltiplicato per Zero, è ancora Zero, e rappresenta dunque il Tutto, l'unità del Tutto. Inoltre, come abbiamo visto, è il primo di tutti i numeri, e dunque rappresenta anche un nuovo inizio.

Nelle arti mantiche, nei tarocchi, il significato del Matto assume tutte le sfumature tra l'innocenza e la follia, come l'istinto, l'originalità, la spensieratezza, il distacco della mente.

In buona sostanza rappresenta la parte innocente e primitiva dell'uomo, che può condurlo sia verso il bene sia verso il male. Il Matto, quando viene rappresentato da un viandante girovago, simboleggia la ricerca di cambiamenti, dunque il cammino verso l'evoluzione. Un'interpretazione più spirituale, lo intende come il passaggio a un superiore livello di consapevolezza.

Nelle arti mantiche lo Zero è anche la forza della vita, che raccoglie tutto il cammino fatto e che ci proietta verso un nuovo inizio. Può rappresentare una novità, spesso imprevedibile o inaspettata.

In astrologia corrisponde al cerchio dello zodiaco, che rappresenta un ciclo completo, in dodici fasi, che si ripete a spirale. Durante i primi tre segni primaverili (Ariete, Toro e Gemelli) c'è il fiorire della vita, l'espandersi della luce, che si rafforza e afferma nel movimento dei tre segni estivi (Cancro, Leone e Vergine). Questi primi sei segni appartengono al mondo soggettivo. In particolare i tre segni autunnali (ovvero Bilancia, Scorpione e Sagittario) esprimono l'esperienza con l'altro, la maturazione attraverso un ampliamento di confini, mentali e non. Consentono, insieme ai successivi tre segni invernali (Capricorno, Aquario e Pesci), il pieno consolidamento di quanto intrapreso e la possibilità di proiettarsi verso il futuro, verso un nuovo ciclo.

Lo Zero corrisponde anche all'elemento Aria, e dunque all'ossigeno, che permette la vita.

I segni d'aria, ovvero Gemelli, Bilancia e Acquario, hanno come caratteristiche comuni l'estroversione, il dinamismo, la positività, il raziocinio. Le persone di questi segni hanno caratteristiche simili tra loro, ma manifestano la loro socialità in modo differente.

Abbiamo qui visto che la Cabala è l'insieme degli insegnamenti esoterici e mistici propri dell'ebraismo rabbinico, già diffusi a partire dal XII-XIII secolo. In un suo significato più ampio, il termine intende quei movimenti esoterici sorti in ambito ebraico con la fine del periodo del Secondo Tempio. Allora anche la Cabala ebraica tiene molto conto dello Zero.

Eliphas Lévi, pseudonimo di Alphonse Louis Constant, nasce a Parigi nel 1810. È il più famoso occultista e studioso di esoterismo del suo secolo. Nella Scuola esoterica francese da lui avviata, lo Zero corrisponde alla lettera *shin* dell'alfabeto ebraico, che rappresenta il potere divino. La *shin* è una delle lettere più importanti. In pratica rappresenta due nomi di Dio: *Shedai* (illimitato) e *Shalom* (pace).

L'Ottocento vede comunque il fiorire di tantissime scuole esoteriche.

Samuel Liddell MacGregor Mathers nasce a Londra nel 1854. È una delle più influenti figure nel campo dell'occultismo moderno e maggiormente conosciuto come uno dei fondatori della Golden Dawn, ordine ermetico di magia cerimoniale, di cui esistono, a tutt'oggi, numerose diramazioni.

Nella scuola avviata da Liddell Mathers, il Matto è molto importante e corrisponde alla lettera *aleph*, prima lettera dell'alfabeto ebraico (corrispondente ad *alfa* in greco). Quindi, ancora una volta, ciò da cui tutto ha inizio.

Nell'Albero della Vita, che nella Cabala ebraica rappresenta tutte le leggi dell'universo, il nostro Zero rappresenta la corona, ovvero il centro della volontà creatrice, ispirazione dell'universo.

Insomma, altro che Nulla!

Il Matto, come spiega poi Oswald Wirth, esoterista e scrittore svizzero dell'800, è *"il sale che genera gli altri sali, il substrato immateriale di ogni materialità, il fuoco della vita intellettuale"*.

Dunque siamo passati dallo Zero alla follia e la follia qui è intesa come immaterialità, ma anche come sapienza.

Da qui a Shakespeare il passo è breve.

William Shakespeare nasce a Stratford-upon-Avon, nel Regno Unito, il 23 aprile 1564. È considerato da sempre il più importante scrittore in lingua inglese e generalmente ritenuto il più eminente drammaturgo della cultura occidentale. Delle sue opere abbiamo 37 testi teatrali, 154 sonetti e una serie di altri poemi. I suoi testi sono tradotti in tutte le maggiori lingue del mondo.

Nei testi del drammaturgo inglese sapete chi riveste un ruolo fondamentale e imprescindibile?

Ma il Matto, naturalmente!

E non dimentichiamoci che fino ad ora abbiamo seguito un percorso che lega a filo doppio la figura del Matto con il nostro amato Zero.

Naturalmente anche qui, volendo, possiamo fare una sottile distinzione tra i termini matto (o folle) e pazzo.

Se con il termine pazzo siamo soliti indicare una persona affetta da patologia psichiatrica, con matto intendiamo più che altro una persona al di sopra delle righe, qualcuno che sa come sorprendere con percorsi sicuramente fuori dai canoni, ma non necessariamente impossibili.

Shakespeare ci regala il concetto della "verità espressa dalla lucida follia".

Al Matto, al Fool, Shakespeare affida il compito importantissimo di esprimere i messaggi più profondi e veritieri delle sue opere teatrali.

Il Matto è colui che gode di una sorta di immunità, di salvacondotto. Può dire la verità senza pagarne eventuali conseguenze.

Il fulcro intorno al quale girano e agiscono i vari personaggi di Shakespeare è sempre svelato dal personaggio più umile. Il Matto, appunto.

Il Matto, il Fool, è colui che possiede una lucida follia, denuncia illusioni reali, sputa false verità e soprattutto ride seriamente.

Questo è quanto ci dice Shakespeare. Consapevole della parte che gli viene assegnata, il Matto non si aspetta di essere preso in considerazione. Ma anche in questo è la sua forza.

Non deve preoccuparsi di nessun giudizio. È "il Matto", detentore di tutte le verità. Sta al libero arbitrio dell'interlocutore attribuirgli credibilità o meno. Il Matto è libero, grezzo. Contiene in sé l'infinito. Proprio come il blocco di marmo di Michelangelo, ricordate?

La presenza del Matto è una costante nelle opere di Shakespeare. Insomma, non possiamo pensare a Shakespeare senza pensare al Matto, al Folle. E ora, alla luce di questa analisi, non possiamo pensare al Folle senza che la mente corra al concetto di *lucida follia* e alle verità che al Folle sono affidate.

Il teatro elisabettiano rappresenta uno dei periodi artistici di maggiore splendore del teatro britannico. Si colloca fra il 1558 e il 1625, durante i regni dei sovrani Elisabetta I e Giacomo I.

Il termine elisabettiano, nella sua accezione di teatro rinascimentale inglese, si estende ai fenomeni teatrali che fioriscono nel periodo che va dalla riforma anglicana alla chiusura dei teatri nel 1642, al sopraggiungere della Guerra civile. Un periodo lungo, che comprende anche parte del regno di Carlo I, che succede a Giacomo I.

Shakespeare viene consideralo l'emblema del teatro elisabettiano, nel quale la vita è vissuta come una recita all'interno del palcoscenico per eccellenza che è il mondo. Qui il Matto, il Folle e quel che rappresenta, si muove a suo agio.

Come vi piace è una commedia pastorale in cinque atti, scritta da Shakespeare tra il 1599 e i primi mesi del 1600. L'autore segue la vicenda dell'eroina Rosalinda mentre fugge dalle persecuzioni della corte di suo zio e si innamora nella Foresta di Arden. Nell'opera sono presenti uno dei soliloqui più famosi e citati di Shakespeare, *Tutto il mondo è un palcoscenico*, e la frase *Why then, can one desire too much of a good thing?* (È peccato desiderarne troppa, di una cosa ch'è buona?).

In questa trama, il Fool afferma di voler essere pazzo come quello incontrato nella foresta e che gli comunica verità fino a quel momento inafferrabili per la sua mente. Quindi ancora una volta il Matto è detentore e custode di verità.

Non siamo propriamente sicuri che Shakespeare scriva effettivamente queste cose, anzi, in realtà non siamo sicuri neppure dell'esistenza di Shakespeare, o meglio che i capolavori a lui attribuiti siano veramente opera del suo ingegno.

La scarsità di documenti sopravvissuti riguardanti la sua vita privata fa tuttora sorgere numerose congetture riguardo all'attribuzione delle sue opere. Il dibattito consiste nella controversia, iniziata nel diciottesimo secolo, sul fatto che le opere possano essere frutto di un altro autore o di un gruppo di letterati.

Ad ogni modo, attenendoci ai testi, chiunque li abbia scritti, l'autore cade, così ci sembra, in una contraddizione, o forse soltanto in un pochino di confusione (anche lui!).

Tra il 1605 e il 1606 Shakespeare scrive *Re Lear*, una tragedia in cinque atti, in versi e prosa. La storia che ne fornisce il canovaccio principale affonda le radici nell'antica mitologia britannica. È un dramma a doppio intreccio, nel quale la trama secondaria contribuisce a far risaltare e a commentare i vari momenti dell'azione principale

In quest'opera, le battute incalzanti tra il re e il giullare di corte, fanno sicuramente capire quanta importanza venga sempre data a questa figura.

Non sai far alcun uso del niente, zietto? Chiede il matto al re.
No di certo, ragazzo, niente si può fare del niente. Risponde
Re Lear.
Ma poi ecco la confusione.
Ti sei pareggiato il cervello da ambo i lati e non hai lasciato
niente nel mezzo. E poi ancora: Ora sei uno 0 senza cifra. Io
sono meglio di te: io sono un buffone e tu sei niente.

Se dice *"0 senza cifra"* è come se affermasse il concetto di Zero a destra che abbiamo visto parlando di numeri in questo testo, ovvero che da solo non vale Nulla.

Però allo stesso tempo differenzia sé stesso (il buffone, il matto, lo Zero) dal Niente.

Allora afferma

Io sono il buffone e tu sei Nulla.

Questo è corretto, in quanto il buffone, che rappresenta lo Zero, è tutt'altro che Nulla. Meno corretto riproporre il concetto di "Zero a destra" nella stessa frase.

Ad ogni modo, a parte questa piccola confusione (ma abbiamo visto che nello stesso scivolone incappano scrittori, filosi e matematici), Shakespeare, dando il potere della *lucida follia* al suo Fool gli attribuisce una valenza ben più complessa di quel citato Zero inteso come Niente.

Il Matto è allora libertà. Innanzitutto libertà di espressione. Libertà di esprimere la propria verità senza temerne le conseguenze.

Ma il Matto-Zero di Shakespeare non è un eroe, è ben conscio di non correre rischi, sa di possedere quella patente di inattaccabile che lo stesso autore gli attribuisce. Shakespeare promuove la democrazia nella forma più auspicabile, priva di condizionamenti politici, sociali o economici.

Tutto questo racchiude il suo Fool. Tutto questo e molto altro racchiude lo Zero.

Dunque Shakespeare si distacca da quel comune senso dello Zero-Niente e anche dal concetto di Zero-operatore.
Scaturisce dal suo istinto un nuovo entusiasmante approccio allo Zero come universo

28 EMANCIPAZIONE DELLO ZERO

Il concetto di Zero, è sicuramente duro da digerire, e anche l'espressione "essere uno Zero" implica una serie di passaggi difficili, prima che il suo significato venga infine felicemente considerato in positivo.

Essere uno Zero è un'ottima cosa. Ma esserne consapevoli, non solo di essere uno Zero, ma anche dell'impareggiabile valore dello Zero, e quindi, di conseguenza, della grande, fantastica, meravigliosa responsabilità di identificazione con lo Zero, richiede molto impegno.

Abbiamo visto fino a qui che molti matematici e fisici affrontano il concetto dello Zero inteso vuoi come Nulla vuoi come cifra senza consistenza, se non in relazione ad altri numeri. Ovvero interpretano lo Zero come un "segno" che ha valore in base alla sua ubicazione in un numero gestito all'interno di un sistema posizionale.

Ancora più affascinante è l'approccio dei filosofi a questo sorprendente numero, che per molti rimane ancora un mistero.

Chi lo interpreta come Nulla, chi come la negazione dell'essere, e in questo caso gioca lo strano significato di annichilimento.

Come se lo Zero fosse uguale a Nulla, e come se lo Zero-Nulla fosse in contrapposizione a "essere", e lo annullasse.

Ma non è proprio così. Anche se volessimo rifarci ai Babilonesi e concepire lo Zero come mancanza (di qualcosa che c'era e che poi non c'è più stata), lo Zero di per sé non annulla e non nega proprio niente (un bel gioco di parole). Ma attenzione, questo non vuol dire che non abbia consistenza e che sia, per così dire, inerme, innocuo.

Il filosofo Georg Cantor, che come abbiamo già visto è il padre della cardinalità, prospetta una teoria degli insiemi che contiene infiniti, ovvero tanti infiniti, l'uno dentro l'altro, come in un gioco di scatole cinesi. Cantor evoca Dio come infinito degli infiniti, ma anche come ultimo orizzonte in cui la ragione umana fa naufragio.

Sia come sia, il problema Dio (ma che problema non è), in relazione ovviamente a ciò di cui stiamo trattando, ovvero lo Zero, appariva aperto e invece ora non lo è più.

Risolto, chiuso, su base fisico-matematica prima ancora che su altra base, per esempio etica.

Vediamo in maniera semplice il perché.

Dice la Bibbia: Dio ha tratto il mondo fuori dal Nulla.

Come intendere questa affermazione?

Dio ha tratto dal Nulla tutto ciò che esiste al di fuori di lui (di Dio), sia il mondo sia l'uomo.

Questo concetto trova una sua espressione già nella prima pagina delle Sacre Scritture, la Bibbia, anche se la sua piena esplicitazione si ha soltanto nello sviluppo successivo della rivelazione della Genesi.

L'affermazione *Dio ha tratto il mondo fuori dal Nulla* la possiamo interpretare in un solo modo, se si vuole evitare di cadere nell'assurdo o, peggio, rischiare di impazzire. Attenzione, qui intendiamo la pazzia del malato psichiatrico, non la sapienza del Folle.

Qualcuno pensa che questa affermazione della Bibbia non riguardi un fatto specifico, e neppure la totalità dei fatti, né l'*essere*, ma semplicemente il *senso dell'essere*.

Ma questa è un'annosa questione: la vita ha un senso? E posto che ce l'abbia, qual è il senso della vita? E ancora: esiste un senso per la vita *tout court*, oppure ciascun essere vivente ha un personale senso della vita, ovvero un senso per cui quell'individuo è, e dunque ha una vita?

Quando diciamo che *Dio ha tratto il mondo fuori dal Nulla*, diciamo anche che la vita in generale, e la nostra nello specifico, ha un senso. Altrimenti Dio avrebbe potuto lasciare ogni cosa nel Nulla da cui tutto ha tratto: ogni cosa che *sia*, vivente o non vivente. Dai pianeti alle stelle, dalle piante all'uomo.

Ha tratto ogni cosa dal Nulla. E questo ci dice due cose importantissime. Innanzitutto che ogni cosa che "*è*" ha una ragione perché "*sia*". Poi ci dice che quel Nulla è davvero il Tutto. È ciò che contiene ogni cosa ancor prima che questa *sia*. Qui, altrove, ieri, ora, domani e sempre.

Ricordiamo ancora Michelangelo. Il suo blocco di marmo è paragonabile a un piccolo mondo. Dentro vi è già ogni cosa ancora prima che *sia*, prima che il Maestro la estragga dal marmo grezzo.

Allora agli astrofisici che cercano di spiegare come sia nato l'universo e come si siano formati stelle e pianeti, ai filosofi e teologi che invece cercano fino a consumarsi un perché: perché viviamo?

A tutti coloro che cercano pace all'inquietudine, che si pongono domande, possiamo rispondere con un unico meraviglioso assunto: lo Zero. Nello Zero è ogni risposta.

Chi cerca un senso cerca anche un creatore.

Ma può darsi che il senso non ci sia, non secondo le nostre conoscenze, le nostre attitudini, la nostra cultura. Eppure al contempo può darsi che il creatore esista.

La Fisica delle cose, il Creatore delle cose e il Senso dell'esistenza delle cose (di ogni cosa, dalle pietre alle specie viventi) non è detto che debbano essere legati in un insieme di vincoli tra loro elidenti.

Ovvero se non si trova un creatore non è detto che le cose non esistano o che non abbiano senso. Così come anche se si trova il creatore non è detto che sia dato, qui e ora, di capire il senso di ciò che vediamo, o meglio percepiamo, come esistente.

Lo Zero è *Essere* in assoluto. Una quasi "o" che per alcuni (per chi vuole aderire all'ipotesi qui esposta) diventa una "è" certa. È. Come il verbo essere.

Con quell'ovale, che non era "o" tonda come una lettera O, ma esattamente, inequivocabilmente e (lo abbiamo spiegato più indietro) volutamente uno Zero, Giotto esprime un *niente* che *niente non è*, racconta uno Zero che racchiude l'assoluto, racchiude tutta la sua maestria, le sue conoscenze, la sua intelligenza.

Allora, Papa Bonifacio VIII sceglie quel segno, quel simbolo grafico, perché affascinato dalla perfezione del Nulla? Ma certo che no, molto più probabilmente lo sceglie perché incantato dalla pienezza del Tutto. Un concetto grande come l'infinito, ma terreno, tangibile come il mondo.

Un ossimoro dell'essere, oppure la sua magnifica, manifesta pienezza? Sta di fatto che grazie a quello Zero Giotto si aggiudica l'importante commessa. Non certo solo per la destrezza nel tracciare un ovale, cosa che con un po' di pratica e buon occhio anche un garzone avrebbe potuto fare, e non un garzone di un mastro pittore, bensì anche un umile apprendista di qualunque altro mestiere lo avrebbe potuto fare.

Non può essere un Nulla lo Zero.

Non è *ciò che non è*, ma assolutamente *ciò che è*. Non è un *meno* ma un *più*.

Non è certamente la negazione dell'esistenza, la sua sottrazione, ma una somma.

La somma di esistenze, consistenze che a due a due si sommano, non annullandosi, ma dando vita ad altre infinite esistenze e consistenze, che a loro volta si sommano a due a due, e così via.

Per essere più semplici pensiamo all'universo dei numeri.

Pensiamo al numero tre, un numero bellissimo.

Il numero 3 è un numero reale. Può essere positivo o negativo.

Il numero +3 è un numero. Anche il numero -3 è un numero. Se al numero -3 sommiamo il numero +3 otteniamo un numero. Questo numero è lo Zero.

Lo Zero in matematica è allora una somma di numeri. Dunque come si può immaginare lo Zero come un *non esistere*?

Allora possiamo dire che lo Zero non solo esiste, ma ha consistenza *doppia* di qualsiasi altro numero. Siccome qualsiasi numero ha un suo equivalente in assoluto, ma di segno opposto, se facciamo la somma di un numero e del suo opposto otteniamo Zero. Ma se sommiamo 1 al suo equivalente di segno opposto e poi al risultato sommiamo 2 e -2 e così via all'infinito, ne ricaviamo che nello Zero vi è la somma di tutti i numeri e dei loro opposti in segno.

Mamma mia, si può immaginare ora la forza dello

Zero? Di quanto sia grande? Quindi lo Zero è il numero più grande che si possa immaginare. Un concetto concreto, concreto come un numero, ma grande come una somma di infiniti.

Le nostre menti si sbriciolano se solo cerchiamo di ipotizzarne la grandezza.

Se proprio qui vogliamo esprimere concretamente questo concetto, la cui comprensione, anche il solo tentativo di comprensione, fa saltare i nostri neuroni come mais messo nel forno, possiamo ricorrere a qualcos'altro, di altrettanto grande, di imprescindibile, di inspiegabile con i nostri semplici e limitati mezzi: Dio.

Dio è pienezza, è ciò che contiene ogni cosa.

Un'infinita somma di insiemi infiniti.

E quando leggiamo *trasse fuori dal Nulla il mondo* vuol dire che lo trasse fuori da quel Tutto che è egli stesso (Dio).

Non ci sono contraddizioni in Dio e, soprattutto, non c'è annichilimento.

Il più e il meno hanno la stessa consistenza, l'uno permette all'altro di esistere, vicendevolmente.

Ricordiamo il simbolo dei pesci nello zodiaco: due pesci legati a un'unica lenza. Uno procede se l'altro recede. È il sacrificio fatto per amore, è il donarsi scambievolmente l'uno per il bene dell'altro. Il simbolo viene adottato per identificare i primi cristiani. Un caso? Forse.

Portiamo questo concetto nei numeri.

Negativi e positivi sono solo aggettivi che noi umani abbiamo attribuito loro per comprenderli più facilmente.

Non abbiamo nessuna accezione di *cattivo* e di *buono*. Semplicemente, i numeri con il segno meno e quelli con il segno più si possono unire, possono sommarsi nello Zero. E questo solo per i numeri interi. Ma tra un numero intero e un altro vi sono infiniti numeri frazionari.

Mille universi, dove la mente non può arrivare a concretizzare né aggettivi, né accezioni.

Dunque è evidente: se si è un numero, ambire allo Zero è il massimo.

Qualcuno si è mai sentito uno Zero? O meglio, qualcuno è mai stato considerato (da altri) come uno Zero? Di questo c'è solo da esserne felici.

Chi è chiamato Zero riceve il complimento più grade a cui si possa anelare.

Ogni Zero è un confine di fuoco che racchiude un concentrato di sostanza di inenarrabile, stupefacente, bellezza.

Non tutti sono in grado di essere uno Zero. Chi possiede questa fortuna, senta l'onore (anche se a volte diventa onere) e la responsabilità di difendere il proprio personale, infinito, cerchio magico (e con cerchio intendiamo una linea chiusa di confine).

Sia il signore del proprio regno. Decida chi debba stare fuori e a chi concedere (con parsimonia) l'accesso. Non per potere o abuso di potere, ma per il semplice fatto che il cerchio, il confine, è suo e di nessun altro. Ogni cerchio (anzi, a voler ben precisare, qui intendiamo decisamente un ovale…) è unico, esclusivo, personale. Chi ne possiede uno può disporne a proprio piacere. Va da sé che non tutti ne possiedono uno, ovvero non tutti possono essere uno Zero.

Per essere uno Zero c'è una selezione ferrea, là dove tutto ha origine, là dove infiniti *infiniti* si sommano e dove ogni cosa *è*, ancor prima di *essere*.

A volte lo si è senza saperlo, altre lo si vorrebbe essere senza riuscirci.

Chi è scelto riceve un dono prezioso, come avere accesso all'archivio Akashico, la conoscenza di tutte le conoscenze, poiché tutto è nello Zero.

Ogni Zero-mondo è perfetto e bellissimo. Pieno di meraviglie, pieno di intelligenza.

Dentro è possibile parlare con Dio (per chi non per atto di fede, ma per certezza, ne contempla l'esistenza), ma anche con i filosofi preferiti, e poi ancora con i santi e gli eroi, non solo quelli della storia, ma anche quelli di tutti i giorni, quelli della porta accanto. Il signore del cerchio decide con autorità assoluta chi fare entrare: personaggi passati, presenti o ... futuri.

Entrare in un determinato, esistente Zero-mondo, a meno di non esserne l'origine, è difficilissimo ed è assolutamente inutile cercare regole. È inutile cercare segni di appartenenza, *dress code*, status sociale o culturale. È a insindacabile decisione del signore dello Zero-mondo chi possa o non possa farne parte. Senza regole e senza un perché, per il piacere non di una dittatura, ma dell'esercitare un diritto, quello che seppure costò a Eva e Adamo l'agiatezza dell'Eden, ne fece a tutti gli effetti (potenzialmente) dei figli fatti a immagine e somiglianza di Dio: il libero arbitrio.

Chi si sente ateo non si scoraggi, ci sono realtà che prescindono dalla fede, dalla forma, dal colore.

E lo Zero, come abbiamo visto, è insito nella storia dell'uomo.

Sicuramente trasversale per religione, cultura, età e geografia.

Allora viva lo Zero. Viva tutte le persone speciali e fortunate che sono Zero.

Essere uno Zero è un grande privilegio. Per molti, ma non per tutti.
Agli Zero di tutto il mondo qui si chiede un contatto.
Un confronto intelligente per uno scambio di opinioni su un mistero di infinita bellezza.

29 POSTFAZIONE

PERCHÉ LIBERARE LO ZERO
Mi fa compagnia Antonia.

Alla guida della mia auto la vita mi pare ancora normale. Tutto sommato è il posto dove mi sento più sicura.

La mia amica Antonia è però fondamentale quando dall'auto devo raggiungere una qualunque meta. Che comporti qualche metro o pochi passi, l'impresa diventa epica. Il suo braccio è un supporto indispensabile. Ho provato qualche volta ad usare le stampelle.

Ma il mio problema principale è l'equilibrio, e cercare un baricentro per un sistema complesso composto da me e da due punteruoli aggiuntivi, è ancora più complicato.

Dunque Antonia resta la soluzione ottimale. Da non trascurare inoltre il grande piacere di averla come accompagnatrice.

Ore 15.50. Sono in uno dei poli ospedalieri più importanti e qualificati di Milano.

Ho fatto l'accettazione in circa 40 minuti. Un tempo ancora breve, per grandi strutture come questa.

Salgo al quarto piano, dove ci sono gli studi per le visite specialistiche in regime di libera professione. In pratica il paziente risparmia un po' di soldi rispetto alle visite presso uno studio privato in quanto il medico utilizza la struttura (corrispondendo a questa una quota del costo della prestazione) per svolgere visite private.

Cerco sulle targhette, o meglio, in quelle tasche in plexiglass trasparente dove si può infilare di volta in volta un cartoncino con il nome di chi occupa lo studio in quel momento.

Trovo il nome del primario che deve visitarmi.

Antonia ed io ci piazziamo sulle anonime e scomode poltroncine nere nel corridoio che funge da area di attesa per gli ambulatori. Scegliamo i posti proprio di fianco allo studio in questione.

Pochi minuti e vedo entrare un giovane nello studio.

Deve essere lui.

Età apparente: 37 anni. Abbronzatissimo. Ma a giudicare dal periodo dell'anno, ottobre inoltrato, e dai 3 strati di crema grassa e altamente idratante, probabilmente anche antirughe, spalmati in maniera omogenea sul viso e sul collo, la prima cosa che penso è che non sia un'abbronzatura naturale, ma frutto di un abbonamento a prezzo agevolato di un qualche centro estetico convenzionato con l'ospedale o più probabilmente di un abbonamento rilasciato in omaggio come forma di pubblicità indiretta.

Sguardo, portamento e quel particolare modo di camminare, sono di chi si sente al di sopra della pletora dei comuni mortali.

Gli indizi non fanno prospettare nulla di buono. Difficilmente mi sbaglio con le percezioni sulle persone.

Sento chiamare il mio nome.

È subito il mio turno. Probabilmente sono la prima paziente della lista di questo medico che visita, presso l'ospedale, solo due pomeriggi alla settimana, dalle 16 alle 18.

Mi presento al dottorino narciso che, lasciandomi attonita, conclude la visita in sette-minuti-sette di orologio, trovando anche il tempo, compreso nei sette-minuti-sette, di declinare in maniera neppure troppo elegante, l'invito a guardare le due valigette piene di dossier e referti nelle più svariate branche della medicina che avevo portato con me.

Mi congeda dicendo che non ho niente. Nel caso di dolore insopportabile all'orecchio e alla nuca, come lamentavo, mi consiglia di ricorrere a uno spray che si acquista in farmacia anche senza ricetta.

Stiamo parlando di un otorinolaringoiatra di fama e di una visita che mi costa 150 euro.

Il medico non mi dà il tempo neppure di ribattere e si allontana dalla stanza a passo lesto lasciando la porta aperta.

Lo vedo attraversare il corridoio e sparire di corsa dietro una porta a vetri che separa l'area degli studi medici e del corridoio-attesa da qualcosa che probabilmente è un spazio riservato al personale medico: sala relax, toilette, ecc.

Dieci secondi, dodici al massimo, il tempo per seguirlo con lo sguardo fino alla sua sparizione dietro la porta invalicabile ai più.

Pochi secondi, ma sufficienti per fargli una fotografia tra le peggiori mai scattate ai medici negli ultimi 3 anni.

E anche questa volta le mie percezioni trovano riscontro. La rabbia mi monta fino alle orecchie.

Cerco nei corposi faldoni, recupero carte e diagnosi. Almeno quelle più significative e attinenti la sua specializzazione, che avrebbe proprio dovuto guardare.

Mi risiedo sulle poltroncine con le carte in mano, pronta a un attacco.

Deve passare davanti a me se vuole riguadagnare

lo studio per un'altra visita.

Il terrore è che io possa essere l'unico paziente del pomeriggio o che possa esserci un'altra uscita. Un'altra via per sfuggire al mio disappunto. Intanto aspetto, se non altro per sbollire la rabbia.

Antonia mi guarda senza parlare. Conosce il mio calvario, la frustrazione che provo a non essere ascoltata, creduta.

Conosce bene le mie condizioni di salute, che peggiorano di giorno in giorno.

Guarda e non parla e per me è perfetto così.

Vedo il medico rivarcare la porta a vetri, sempre a passo lesto.

Lo blocco, e gli piazzo le carte sotto al naso, ma dopo aver fatto finta di guardarle, afferma perentorio che lui su quelle carte non vede niente e non può basarsi su diagnosi "visionarie" di altri medici.

Mi dice che i miei disturbi possono anche essere psicosomatici, dovuti allo stress, o a chissà che altro... alludendo a una qualche possibile fragilità psicologica.

Cerco di sfruttare al massimo quegli attimi che seppur estorti, mi paiono dovuti, dato che sto pagando il suo tempo *professionale* più di 20 euro al minuto, in pratica un compenso tabellare di oltre 1200 euro all'ora. Così lo trattengo con un gesto plateale.

Getto con stizza le carte alla rinfusa sulle sedie (in realtà le avrei volute scagliare contro di lui se non avessi avuto paura... di sgualcirle) e gli dico con tono deciso, pur tuttavia senza alzare la voce, che secondo me aveva preso la laurea per corrispondenza.

Un errore, certo.

Mentre lo dicevo avevo in mente il modello della scuola RadioElettra di Torino, primo esempio di formazione a distanza, risalente agli anni '50, dove si interagiva con i docenti usando le poste italiane. Visto che siamo nell'era digitale e vista la giovane età del medico, che certo non conosceva la gloriosa scuola torinese, avrei piuttosto dovuto far riferimento a un qualche ateneo online, magari dei paesi dell'est Europa.

Errore imperdonabile.

Comunque l'allusione a una formazione quanto meno inadeguata, se non altro sul piano dei rapporti con il paziente e che di certo avrebbe fatto rigirare Ippocrate nella tomba, la coglie. Ovvero coglie la mia opinione in merito.

Mi guarda disgustato e convincendosi ancora di più di una possibile mia fragilità emotiva, si fionda nello studio, richiudendo la porta dietro di sé, più che altro per evidenziare la barriera tra me e lui.

Infastidito, ma nemmeno troppo.

Non mi ferisce tanto il fare spocchioso del dottorino. O meglio, mi ferisce sì, soprattutto dopo essere stata in ballo per anni correndo da un medico all'altro, passando ore e ore in internet per cercare di dare un perché ai miei sintomi, a cercare una corrispondenza, una sorta di *fil rouge* che legasse tutto quello che avvertivo nel mio corpo, considerandolo un unico complesso sistema in cui tutto è interconnesso e non un appezzamento lottizzato in cui i medici lavorano per competenze di centimetri cubici senza guardare all'insieme.

Sì, perché oggi con le super-specializzazioni, un ortopedico che si occupa della mano, solo per fare un esempio, non sa nulla di una rotula o di un'anca.

Ad ogni modo ciò che principalmente mi ferisce, ora come in tante altre occasioni, è essere considerata meno che niente, una pulce che starnutisce, uno Zero, senza contenuto e come tale da trattare.

Antonia mi aiuta a raccogliere tutti i documenti che ricacciamo un po' alla rinfusa nelle due valigette.

Voglio solo andarmene al più presto da lì.

Me ne vado, sì, sotto braccio a Antonia che mi sostiene, in tutti i sensi. Me ne vado con il solito pieno di amarezza, ma con una convinzione, una certezza nuova.

Oggi la mia reazione non cade nel vuoto.

Cosa ho ottenuto dal dottorino?

Praticamente niente.

Ma dopo aver subito l'ennesimo atteggiamento di

insufficienza di vari specialisti decido che ora non sto più zitta, non resto a occhi bassi.

Decido. Scrivo qualcosa.

Non sulla mia malattia, che per la cronaca si chiama Arnold Chiari I, diagnosi che mi arriva da lì a pochi mesi, dopo anni e anni di rimbalzi tra professionisti, nonché specialità mediche e strutture sanitarie varie.

Magra soddisfazione avere la certezza di aver avuto ragione a passare notti a cercare collegamenti extra-disciplinari, a collegare sintomi che nessuno collegava.

Ora quello che voglio è fare in modo, provarci almeno, che il pugno che si avverte allo stomaco quando qualcuno arrogante e saccente, ti fa sentire uno Zero, non si ripeta più.

Nella mia situazione, ma anche nelle situazioni più disparate, anche quelle semplici che si affrontano nel quotidiano, è necessario avere il coraggio di esternare il proprio disappunto, se è possibile. Senza pensare che qualcuno possa aver ragione *tout court*, per le mostrine appuntate sul colletto, per una targhetta su un camice, per una laurea vera o fasulla, appesa su una parete.

Occorre dire la propria, sempre.

Una persona intelligente ascolta.

Il confronto arricchisce la conoscenza.

Il mio percorso medico è stato lungo, lunghissimo, e ancora sono in cammino.

Tante cose ho scoperto, nel senso che per me sono state una scoperta, e non avrò freni a condividerle con malati, curiosi o anche esponenti di quella strana specie umana costituita dai medici.

Ma qui, a beneficio spero di tanti, mi preme davvero solo far capire la bellezza dello Zero-universo.

Nessuno si affligga quando presuntuosi bulli, di qualsiasi età si arrogano il diritto di far sentire un altro essere umano senza consistenza.

Lo Zero è un universo magico, pieno di ricchezza.
Voglio dare la dignità che merita allo Zero.
Il resto è solo un corollario.

Ecco dunque che nasce in un ospedale milanese, dopo l'incontro con un medico non degno di questa qualifica, la voglia di liberare lo Zero da valutazioni decisamente inappropriate. Di riscattarlo, per donargli il giusto riconoscimento.

E sarei felice di condividere le mie percezioni con altri zeri.

Myzeroworld su

30 BIBLIOGRAFIA E SITOGRAFIA

Bottazzini U., Numeri (formato kindle), Società editrice il Mulino, 2015

Capello A. – Ferrari M, Numeri. Aspetti storici, linguistici e teorici dei sistemi di numerazione, Decibel, 1990

Crivelli Nadav E., I numeri del segreto. Manuale di ghematria e numerologia cabalistica, Psiche, 2011

Odifreddi P., Sorpresa, la matematica non è una nostra invenzione, Repubblica, 21 luglio 2000

Platone, Sofista, Armando Editore, 2006

Wassily Kandinsky W., Punto, linea, superficie, Adelphi, 1968

Zavattini C., Io sono il diavolo, Bompiani, 2003

Malika Lakon-Tay, Tarocchi & Cartomanzia, Edizioni R.E.I., 2015

https://it.wikipedia.org/wiki/Cardinalità
https://it.wikipedia.org/wiki/Georg_Cantor
https://it.wikipedia.org/wiki/Trilussa

https://italiangems.wordpress.com/2014/11/23/tales-of-trasteveres-poets-trilussa
http://www.iltempo.it/cultura-spettacoli/2012/08/25/quei-versi-di-satira-romanesca-che-il-regime-rispettava-1.11724
https://it.wikipedia.org/wiki/Trilussa
https://it.wikipedia.org/wiki/Galileo_Galilei
http://cronologia.leonardo.it/mondo42f.htm
http://cronologia.leonardo.it/mondo42f.htm
https://it.wikipedia.org/wiki/Teoria_degli_insiemi
https://it.wikipedia.org/wiki/Ernst_Zermelo
https://it.wikipedia.org/wiki/Adolf_Abraham_Halevi_Fraenkel
http://webmath2.unito.it/paginepersonali/negro/ist/misura.pdf
https://it.wikipedia.org/wiki/Misura_(matematica)
https://it.wikipedia.org/wiki/Nicolas_Bourbaki
https://it.wikipedia.org/wiki/Simone_Weil
https://it.wikipedia.org/wiki/Linguaggio_macchina
https://it.wikipedia.org/wiki/Codice_binario
http://www.tecnocino.it/2012/06/articolo/apollo-11-i-computer-che-portarono-l-uomo-sulla-luna/39383/
https://it.wikipedia.org/wiki/Sulla_natura_(Parmenide)
https://it.wikipedia.org/wiki/Dike
https://it.wikipedia.org/wiki/Cartesio
https://it.wikipedia.org/wiki/William_Shakespeare
https://it.wikipedia.org/wiki/Amleto
https://it.wikipedia.org/wiki/Platone
https://it.wikipedia.org/wiki/Sofista_(dialogo)
https://it.wikipedia.org/wiki/Leucippo_(filosofo)
https://it.wikipedia.org/wiki/Democrito
http://materialismo-atomismo.exactpages.com/leucippus.htm
https://it.wikipedia.org/wiki/Stagira

https://it.wikipedia.org/wiki/Arthur_Schopenhauer
https://it.wikipedia.org/wiki/Friedrich_Nietzsche
http://www.leopardi.it/
https://it.wikipedia.org/wiki/Giacomo_Leopardi
https://it.wikipedia.org/wiki/Buddhismo
https://it.wikipedia.org/wiki/Karl_Jaspers
https://it.wikipedia.org/wiki/Martin_Heidegger
http://www.eniscuola.net/2014/01/08/la-crisi-della-fisica-classica/
https://it.wikipedia.org/wiki/Max_Planck
https://it.wikipedia.org/wiki/Metodologia_di_misura
http://www.multiversoweb.it/rivista/n-11-misura/la-misura-il-problema-irrisolto-della-meccanica-quantistica-3505/
https://it.wikipedia.org/wiki/Fisica
https://it.wikipedia.org/wiki/Stephen_Hawking
https://it.wikipedia.org/wiki/Piergiorgio_Odifreddi
https://it.wikipedia.org/wiki/John_Cage
https://it.wikipedia.org/wiki/Basilide_di_Alessandria
https://it.wikipedia.org/wiki/Anders_Celsius
https://it.wikipedia.org/wiki/Muhammad_ibn_Musa_al-Khwarizm
https://it.wikipedia.org/wiki/Plutarco
https://it.wikipedia.org/wiki/Talete
https://it.wikipedia.org/wiki/Pitagora
https://it.wikipedia.org/wiki/Logica_matematica
https://it.wikipedia.org/wiki/Sistema_di_numerazione_posizionale
https://it.wikipedia.org/wiki/Brahmagupta
https://it.wikipedia.org/wiki/Mahavira
https://it.wikipedia.org/wiki/Indo
al-Khwārizmī
https://it.wikipedia.org/wiki/Muhammad_ibn_Musa_al-Khwarizmi

http://www.treccani.it/enciclopedia/algebra_(Enciclope
dia-Italiana)/
https://it.wikipedia.org/wiki/Papa_Silvestro_II
https://it.wikipedia.org/wiki/Leonardo_Fibonacci
https://it.wikipedia.org/wiki/Liber_abbaci
https://it.wikipedia.org/wiki/Calendario_maya
https://it.wikipedia.org/wiki/Matematica_babilonese
http://www-history.mcs.st-
and.ac.uk/HistTopics/Egyptian_numerals.html
https://it.wikipedia.org/wiki/Cirenaica
https://it.wikipedia.org/wiki/Settimania
https://it.wikipedia.org/wiki/John_Wallis
https://it.wikipedia.org/wiki/Gottfried_Wilhelm_von_L
eibniz
https://it.wikipedia.org/wiki/Isaac_Newton
https://it.wikipedia.org/wiki/Astrattismo
https://it.wikipedia.org/wiki/Fronda_parlamentare
https://it.wikipedia.org/wiki/Giulio_Mazzarino
https://it.wikipedia.org/wiki/Armando_di_Borbone-
Conti
https://it.wikipedia.org/wiki/Albero_della_vita_(cabala)
https://it.wikipedia.org/wiki/Azriel
https://it.wikipedia.org/wiki/Arte_del_Rinascimento
https://it.wikipedia.org/wiki/Papa_Bonifacio_VIII
https://it.wikipedia.org/wiki/Giorgio_Vasari
https://it.wikipedia.org/wiki/Divinazione
https://it.wikipedia.org/wiki/Mazzi_Visconti-Sforza
https://it.wikipedia.org/wiki/Stoltezza_(Giotto)
https://it.wikipedia.org/wiki/Aleister_Crowley
https://it.wikipedia.org/wiki/Dioniso
https://it.wikipedia.org/wiki/Il_Matto
http://www.panouden.com/astrologia/cerchio_zodiaco.
htm
https://it.wikipedia.org/wiki/Cabala_ebraica

https://it.wikipedia.org/wiki/Samuel_Liddell_MacGregor_Mathers

https://it.wikipedia.org/wiki/Albero_della_vita_(cabala)

https://it.wikipedia.org/wiki/William_Shakespeare

https://it.wikipedia.org/wiki/Teatro_elisabettiano

https://it.wikipedia.org/wiki/Come_vi_piace

https://it.wikipedia.org/wiki/Attribuzione_delle_opere_di_Shakespeare

https://it.wikipedia.org/wiki/Re_Lear

http://disf.org/giovanni-paolo-ii-creazione-esistenza

https://it.wikipedia.org/wiki/Uovo_cosmico

https://it.wikipedia.org/wiki/Pelagianesimo

https://it.wikipedia.org/wiki/Orfismo

https://en.wikipedia.org/wiki/Bhagavad_Gita

https://it.wikipedia.org/wiki/Mircea_Eliade

https://it.wikipedia.org/wiki/Erebo

https://it.wikipedia.org/wiki/Eros

https://it.wikipedia.org/wiki/Uovo_cosmico

http://www.ilcerchiodellaluna.it/central_Simboli_uovo.htm

https://it.wikipedia.org/wiki/Mircea_Eliade

https://it.wikipedia.org/wiki/Big_Bang

https://it.wikipedia.org/wiki/Edwin_Hubble

https://it.wikipedia.org/wiki/Erwin_Schrödinger

https://it.wikipedia.org/wiki/Vedānta

31 NOTE SULL'AUTORE

Giornalista pubblicista iscritta all'Ordine nazionale dal 1987, Carolina Paris (pseudonimo di Carolina Monica Cirillo) collabora come free lance con i più importanti gruppi editoriali italiani.

In quasi trent'anni di attività ha firmato centinaia di articoli di economia, tecnologia, life style, cronaca, fashion.

Appassionata di storia, archeologia, filologia biblica, numerologia, astronomia, genetica, ha un desiderio segreto: restare chiusa (da sola) nella grande piramide di Cheope per almeno un giorno e una notte.